第 4 回日本研究司書研修ワークショップ記録

海外における日本資料提供の協力体制

Networking Networking Networking Networking Networking Networking Networking Networking Networking Networking

国際文化会館図書室 編集
国際交流基金 発行
日本図書館協会 発売

海外における日本資料提供の協力体制:第4回日本研究司書研修ワークショップ記録 ／ 国際文化会館図書室 編集.　　東京:国際交流基金, 2001.2.--171p. ; 21cm. -- 発売:日本図書館協会.
ISBN 4-87540-038-1

"Networking for the Overseas Dissemination of Japanese Materials." Proceedings of a Workshop of the Fourth Training Program for Japanese Studies Librarians.
Editor: The International House of Japan Library
Publisher: The Japan Foundation
Distributor: The Japan Library Association

目　次

編集にあたって ･･･ 3

プログラム ･･ 9

あいさつ　国際交流基金人物交流部受入課長　本間　豊 ････････ 11

海外からの報告 ･･ 13
　北米からの報告　野口幸生 ････････････････････････････････ 15
　EAJRS(日本資料専門家欧州協会)の活動　松江万里子 ･･･････ 24
　ドイツ語圏日本関係図書館連絡会について　桑原節子 ･･･････ 31
　イギリスの協力活動の現況　Hamish Todd ･･････････････････ 40
　日本関係資料に関するオーストラリア国立図書館及びオーストラリア
　　国内の協力(事業)の現状と展望　篠崎まゆみ ･････････････ 47
　韓国の国立中央図書館における日本資料について　李　在善 ･･････ 53

国内からの報告 ･･ 59
　国立大学図書館における国際協力　笹川郁夫 ･････････････････ 61
　私立大学図書館協会の国際協力　加藤好郎 ･･･････････････････ 67
　学術情報センターの海外日本資料に関する協力　京藤　貫 ･････ 75
　国立国会図書館における海外への文献提供サービス─関西館(仮称)
　　開館に向けて─　門　彬 ････････････････････････････････ 82

質疑応答 ･･ 89

配布資料 ･･ 109

English Summary ･･･ 165

編集にあたって

　本書は、平成 11 年度日本研究司書研修の一環として開催されたワークショップ「海外における日本資料提供の協力体制」(2000 年 1 月 21 日開催) の記録である。国際交流基金・国立国会図書館共催、学術情報センター・国際文化会館協力で行なわれている日本研究司書研修は、各国の日本研究図書館で働く司書を毎回 10 名余招聘し、日本で 3 週間の研修を行なうもので、参加者は今回までに 21 カ国からの 48 名にのぼっている。

　日本研究図書館といわれる海外の図書館は、日本語の資料を所蔵し、日本についての調査研究を支援している。主として大学図書館や大学の研究所 (室) に付置されているが、国立図書館の外国資料部門や、国際文化交流機関の資料・情報サービス部門も、外国において日本資料を収集提供している点で、広義の日本研究図書館に含めることが多い。

　これらの図書館は海外の現地にとって外国である日本の資料を扱う少数派の図書館である点において、同じ日本語資料を扱っている日本国内の図書館とは質の異なる苦労がある。そのような図書館がお互いに協力し合ってよりよく使命を果たそうとしている姿が、このワークショップの記録に映し出されている。国や地域によってネットワーク関係の形は様々であるが、それはとりもなおさずその国の図書館協力全体のあり方の反映であり、その上に日本とその国との関わりの親疎が影を落とす。

　ワークショップでは、まず、海外からの報告として 6 人の方に発表していただいた。

　北米からの報告はアメリカのピッツバーグ大学東アジア図書館日本研究司書の野口幸生さんによるものである。野口さんは、報告に出てくる CEAL (Council on East Asian Libraries) の日本資料委員会の委員長を 1997 年から

3

1999年まで務められ、2001年から3年の任期でNCC (North Amercian Coordinated Council on Japanese Library Resources) 議長に就任することが決まっている。北米（アメリカとカナダ）では他の国々より日本研究が活発で、研究者の層も格段に厚い。さらに図書館ネットワークの先進国である。それでも北米の中で日本研究は東アジア研究（中国、日本、韓国）の一部と位置付けられており、したがって多くの場合CJKと一括りにされて来た。報告では、そのような状況で日本研究を支援する活動を展開するためにどのように協力してきたか、プロ意識を強くもったライブラリアンたちの多彩な歩みを概観していただいた。

　ヨーロッパからの報告は、ベルギーのルーバン・カトリック大学の松江万里子さんによる。松江さんは、報告に出てくるEAJRS (European Association for Japanese Resource Specialists) の事務局を1997年から務めておられる。松江さんには、ヨーロッパの多国間にわたる会議形式の緩やかな協力組織について紹介していただいた。ヨーロッパと一口に言っても言語や制度、習慣は国によって異なるし、図書館のおかれている状況も日本研究の現状も、相当多様である。その中でEAJRSは汎ヨーロッパの組織であり、日本研究の資料を軸に据えての協力と情報交換をその役割としている。EAJRSは北米のCEALに範をとって始められたが、CEALとは異なり、司書以外にも資料に関わっている学芸員や研究者を擁している。そこには可能性と限界の両方がある、ということができるだろう。

　もう一つ、多国にまたがる組織である、ドイツ語圏日本資料図書館連絡会についてベルリン日独センターの桑原節子さんから報告していただいた。この連絡会の設立のきっかけが資料目録の電子化だったということは大変象徴的である。アルファベットの世界で、しかもドイツ語圏という、アルファベットに装飾記号がついている分だけコンピュータ処理が英語より複雑なドイツ語圏で、日本語というマイナー言語の技術を要する情報処理が、現地の主流の電子目録に組み入れられないのは、たとえば日本でタイ語やアラブ語の目録情報がなかなか機械にのらないのと似ている。一館では解決できない問題も、三人寄れば

文殊の知恵、経験を学び合い、知恵を出し合おう、ということで始められた連絡会であるが、ドイツ語圏内の現状調査を行なうなど、新しい展望も開けて来ているようである。報告の中で触れられた「21世紀のドイツ語圏での図書館に向けた日本情報」と題するワークショップは2000年11月に開催され、60名程の参加者を得て盛会だった、というニュースが伝わってきた。

　国別の協力体制ということでは、まずイギリスの状況を大英図書館のヘイミッシュ・トッドさんに紹介していただいた。トッドさんは現在、報告に出てくるJLG (Japan Library Group)の事務局をなさっている。イギリスの日本語資料は、NACSIS-Webcatを見る方にはおなじみであろう。Webcatの所蔵館のリストではアルファベット表記の所蔵館名が最初に表示され、イギリスに所蔵があればリストの先頭に現れるので真っ先に目につく。イギリスではNACSIS-CATに入力しつつそのデータを国内のユニオンカタログに落としている。日本以外で日本語資料に焦点を合わせた電子総合目録があるのは、イギリスだけである。1966年に結成されたJLGというグループの長い歴史が、このユニオンカタログ、英国日本語図書出版物総合目録の電子版プロジェクトを成功に導く基盤となったという、極めて印象的な報告だった。JLGの着実な活動の歴史はプロフェッショナリティの先見性に満ちたもので、イギリスのライブラリアンシップのよき伝統が生かされている。

　オーストラリアからはオーストラリア国立図書館の篠崎まゆみさんに報告していただいた。国立図書館と大学図書館の分担収集やCJKの総合目録など、欧米とは異なる協力体制が築かれている。オーストラリアの日本研究図書館グループのJALRGA (Japanese Library Resources Group of Australia) 設立には、この日本研究司書研修プログラムへの参加がきっかけとなったことが報告された。このプログラムの波及効果のひとつと評価できる。JALRGAは、JSAA (Japanese Studies Association of Australia)という日本研究学会の中にライブラリーセッションの時間を設けているそうで、外国研究の資料担当者としては研究者との連携が重要である、という点は、他の国でも出てきているテーマであり、戦略である。

韓国からは国立図書館の李在善さんに報告していただいた。韓国の中央図書館の日本語資料の今の収集の中心はいわゆるコリアナ、すなわち韓国に関する外国語資料のうちの日本語資料ということで、同じ国立図書館でもオーストラリアよりはっきりその方針がうちだされているようだ。日本の国立国会図書館でも、「日本関係」といえば外国語で書かれた日本に関する資料である。コリアナは直接的には日本について書かれたものでなくでも、日韓の関係や日本の韓国観を反映している。それに加えて古い日本語の資料もたくさんあるという報告であった。日本語の資料も総合目録には収録されているが、韓国語とローマ字による記述だそうだ。

　海外の日本研究図書館は、その国や地域における協力関係のみならず、日本からの協力によっても支えられている。そこで日本の学術資料に関する国際協力体制について、国内から4人の方に報告していただいた。
　まず、国立大学図書館の国際協力については、国立大学図書館協議会の事務局で、東京大学の総務課長（当時）の笹川郁夫さんに報告していただいた。笹川さんには、国際的な文献の流通で今一番先を行く試みとして日米間の文献提供サービス、ドキュメント・サプライ・サービスの話をしていただいた。米国は、諸外国の中で日本資料への要求が一番高く、また米国内では資料提供をめぐる協力体制が相当整っているため、日本の体制とのギャップを感じやすい。日米間の文献提供の円滑なかつ双方向の流れをめざして、実験が始まっている、という報告であった。その後、2001年の1月末にはこの実験の評価会議が行なわれる予定である。
　慶應義塾大学の加藤好郎さんには、私立大学図書館協会国際図書館協力委員長として、私立大学が何校も協力して海外の図書館に対する援助・支援・協力をどのようにしているかという具体的な報告をいただいた。今まで私大図書館以外にはよく知られているプロジェクトではなかったので、過去の積み重ねと今後の展望について、新しい情報が多かったように思う。私立大学図書館協会は今後も本格的に国際協力にのりだそうとしている、という報告であった。

学術情報センター（NACSIS）事業部目録情報課長（当時）の京藤貫さんには、NACSISの国際協力事業について報告していただいた。日本の書誌情報の国際的流通に関しては、NACSISは英国での導入を始め先進的でしかも要の役割を担って来た。NACSISは書誌ユーティリティであるが、そのデータは結局のところ、各図書館が貢献して登録することによってできあがり、NACSISは全体の調整役である。つまり、NACSIS自体が協力によって成り立っている事業だということも言える。京藤さんの報告の中では、その書誌ユーティリティが今度は国際的に書誌ユーティリティ同士の協力を目指すという、新しい動きについても触れられていた。学術情報センターは2000年4月に国立情報学研究所（NII）となり、今後も積極的な事業展開を担うものと期待されている。

国立国会図書館（NDL）の図書館協力部国際協力課長（当時）門彬さんには、国会図書館の国際協力に関して報告していただいた。現在、制度的に確立した海外向けの資料提供体制を持っている機関は、実は、国会図書館だけである。その国会図書館の国際サービスが関西館が開館した時にはもっと充実したサービスになる、という展望の報告だった。報告の予告通り、2000年春にはNDLのWebOPACがインターネット上に公開され、世界中からの歓迎のメッセージがサイバースペースを飛び交った。

質疑応答では、ILL(図書館間貸出)の実際、人材の養成、資料の電子的送信などについて話題になったが、国際的な資料提供サービスに伴う料金決済についてもいろいろ問題が出され、現時点での課題であることが確認された。また、日米あるいは日英のように2国間の枠組みで行なわれているサービスを、他の国に対しても広げてほしいという意見が出た。情報技術によって国境を越えた図書館ネットワークが実現されつつあるが、まだ残されている課題も多いことが明らかになった。

海外の日本研究は、日本に対する国際理解の基礎を形成するものである。日本研究図書館が行っているような日本に関する資料提供や情報サービスは、そ

の日本研究の土台を支えている。今の時代、ごく普通の図書館でも協力体制なしには機能しなくなっている。本書には、海外にあって様々に模索しつつ健闘している日本研究図書館のネットワークについて、またそれを日本から支援している機関の協力体制について、記されている。これらの報告は、技術の進歩がめざましくなんでも簡単に解決できるような錯覚にとらわれがちなわれわれに、図書館協力の原点を指し示している。

　最後に、日本研究司書研修プログラムについて触れておきたい。冒頭にあるようにこのプログラムそのものも4機関の協力によって成り立っている。これら4機関はそれぞれ外務省の特殊法人、立法府、文部省、民間団体と、背景がまったく異なっているが、1996年以来力を合わせて海外の日本研究司書のために研修を行って来た。この間中心となった方々の先見的な決断と努力、また実際に研修の講師となられた方々の貴重な時間と労力、さらに研修に参加された海外の司書の方々の強い期待によってプログラムは支えられてきた。また、シンポジウムやワークショップには遠方からも参加して頂くなど、多くの方々の暖かい励ましがあった。この記録の出版自体も、日本図書館協会の協力があって実現するものである。ここに記して謝意を表したい。

（小出）

平成11年度　日本研究司書研修　ワークショップ
「海外における日本資料提供の協力体制」

国際交流基金・国際文化会館　共催
国立国会図書館・学術情報センター　協力

2000年1月21日(水)　午後1時30分～5時
会場　国際文化会館講堂

プログラム　　　　　　　　　　　　　　司会　　小出いずみ（国際文化会館図書室長）

挨拶　　本間豊（国際交流基金人物交流部受入課長）

13:35～　　＜海外報告＞
北米からの報告
　野口幸生（米国、ピッツバーグ大学図書館日本研究司書、前CJM委員長、次期NCC議長）
EAJRS（日本資料専門家欧州協会）の活動
　松江万里子（ベルギー、ルーバンカトリック大学日本学科専任講師、EAJRS事務局）
ドイツ語圏日本関係図書館連絡会について
　桑原節子（ドイツ、ベルリン日独センタードキュメンテーション部長）
イギリスの協力活動の現況
　Hamish Todd（英国図書館日本資料管理者、Japan Library Group 事務局）
日本関係資料に関するオーストラリア国立図書館及びオーストラリア国内の協力（事業）の現状と展望
　篠崎まゆみ（オーストラリア、国立図書館アジアコレクション課日本語コレクション司書）
韓国の国立中央図書館における日本資料について
　李在善（韓国、国立中央図書館支援協力課司書主事補）

14:35～　　＜国内報告＞
国立大学図書館における国際協力
　笹川郁夫（東京大学附属図書館総務課長、国立大学図書館協議会事務局）
私立大学図書館協会の国際協力
　加藤好郎（慶応義塾大学三田メディアセンター事務次長、私立大学図書館協会国際図書館協力委員会委員長）
学術情報センターの海外日本資料に関する協力
　京藤貫（学術情報センター事業部目録情報課長）
国立国会図書館における海外への文献提供サービス—関西館（仮称）開館に向けて—
　門　彬（国立国会図書館国際協力課長）

15:15-15:35　休憩

15:35-17:00　質疑、討論

17:00　閉会

5時30分～　日本研究司書研修歓迎レセプション　　　会場　国際文化会館会議室（地階）

ワークショップ会場風景

あいさつ

　　　　　　　　　　　　国際交流基金人物交流部受入課長　本間　豊

　本日は国際文化会館・国際交流基金共催のワークショップ、「海外における日本資料提供の協力体制」に、お忙しい中お集まりいただきましてありがとうございます。
　ご存じかと思いますが、国際交流基金は世界のさまざまな国と日本の相互理解・友好親善を推進するために、いろいろな文化事業を行っております。とりわけ日本研究に対する協力というのは、基金の中でも非常に重要な柱となっておりまして、その中でも日本資料を提供していただく海外の日本研究図書館は、非常に重要なポイントだと思っております。今回で4年目になりますけれども、数年前から日本研究司書の方をお呼びしまして、国内で研修を行っております。
　幸い、国立国会図書館・国際文化会館・学術情報センターの協力を得まして、充実した内容で研修が行われていると思います。過去の3回の受講者からは、非常に役に立ったという、うれしいご連絡をいただいております。
　この研修を機会として、昨年も開催しておりますが、今回は「海外における日本資料提供の協力体制」ということで、ワークショップを開催させていただきました。図書館の方だけでなく、日本研究関係機関における日本研究資料の情報促進を図ることができれば幸いだと思っております。
　参加者の皆様にとりまして、このワークショップが意義のあるものになれば幸いでございます。どうもありがとうございました。

海外からの報告

Networking Networking Networking Networking Networking Networking Networking Networking Networking

北米からの報告

野口幸生

ピッツバーグ大学図書館日本研究司書

前 CJM 委員長、次期 NCC 議長

はじめに

アメリカとカナダの日本研究のコレクションを所蔵する図書館について報告いたします。私は今日のワークショップのテーマ、「海外における日本資料提供の協力体制」の中の「日本資料提供」を、おもにコレクション・蔵書と日本に関するレファレンス・参考調査、そして ILL・図書館相互貸借の点から考えました。

I. 日本研究コレクションとライブラリアン

まず北米の日本研究図書館の環境を知っていただくため、東亜図書館協会 (CEAL、Council on East Asian Libraries)の統計をご披露します。CEAL(シール)につきましては後程お話いたしますが、北米の日本を含む東アジア図書館の活動の基礎となる団体と考えていただいて結構です。CEAL の統計調査に回答しました米議会図書館を含む 66 の図書館の 1998 年 6 月 30 日現在の日本語資料について報告された数字の合計をみていただきます。総巻数が約 440 万冊、定期刊行物のタイトル数が約 6 万 3 千タイトル、専門職の職員が 52 人という

状況になっております。ただしこれには東アジア図書館全体についての回答、日本独自の数字の回答のないものは含まれておりません。従って実数はこの数字を上回ります。

```
北米の日本研究コレクション
                              延べ
    総巻数                  : 4,407,021 (3,507,517) 440万冊
    総マイクロフィルムリール数  : 101,697 (92,564)
    総マイクロフィッシュシート数 : 91,517 (76,310)
    CD-ROM                 : (170)
    定期刊行物（タイトル）    : 63,353 (29,034)
    職員　専門職（人）       : 52 (47)人

出典：Journal of East Asian Libraries no. 117 (Feb. 1999)
注：東亜図書館協会(CEAL)の統計調査に日本(語)について報告された数字の合計。東アジア図書館全体についての報告、すなわち日本独自の数字の報告のないものは含まれていない。従って実数はこの数字を上回る。カッコ内は米議会図書館を含まない数字。
```

II. 書誌ユーティリティ（ビブリオグラフィック・ユーティリティ）

　この環境で「日本資料提供」を支持するインフラストラクチャーとしまして書誌ユーティリティがあります。CEALのメンバーを含む北米の図書館は主にRLIN(アールリン)とOCLCに参加し、そのCJKサブシステムを日本語図書の目録のために使用しております。

> RLIN
>   Research Libraries Group Library Information Network
>   日本語レコード数：453,019 (1998年3月現在)
>
> OCLC
>   日本語レコード数：692,765 (1999年1月現在。早稲田大学のレコードも含む)

 また、それぞれの図書館はRLIN、OCLCのILLサブシステム、すなわち図書館相互貸借サブシステムに参加・利用しております。ISO ILL Protocol（アイソ・アイエルエル・プロトコール）つまり、図書館相互貸借の国際標準にしたがってILLが行なわれております。
 したがいましてRLINとOCLCは、書誌情報・所蔵情報の確認、蔵書構築、ILLのすべての領域で利用されており、つまり北米における「日本資料提供の協力体制」の基礎となっております。
 ちなみに、それまで北米の研究資料の主流（英文資料）から孤立していた中国語・日本語・韓国語の資料ですが、1983年9月にRLINの、続いて1986年にOCLCのCJKサブシステムが稼働したことによって、北米の研究資料の主流（英文文献）に合流されたことは、CJKサブシステムの大きな功績のひとつとして挙げられております。また、CJKサブシステムのユーザーグループの活動も、図書館同士の情報交換や北米におけるCJK資料をめぐる情報環境づくりに役立っております。

III. 図書館・ライブラリアン組織・団体

 書誌ユーティリティのRLINとOCLCが「日本資料提供の協力体制」のいわばハードなインフラストラクチャーといたしますと、次に、いわばソフト的

なインフラストラクチャーの役割をはたしているかとおもいます、図書館・ライブラリアンの組織・団体である、CEALとNCCをご紹介いたします。

まず冒頭に触れましたCEALについてですが、CEALはCouncil on East Asian Librariesの略称で、漢字では「東亜図書館協会」としております。AAS (Association for Asian Studies、アジア学会)の下部組織で、個人・法人の会員制であり、主に北米（米国とカナダ）の図書館およびライブラリアンが会員となっております。[注1)]

設立の目的は、(a)ファカルティーとライブラリアン相互に関係する東アジア図書館の問題を討議するための共通の場を提供し、(b)東アジア図書館資料、書誌コントロール、およびアクセスの開発のためのプログラムを形成する、そして(c)東アジア図書館の発展とサービスに関する図書館間および国際協力を改善すること、としております。

機関誌として *Journal of East Asian Libraries* (JEAL、ジール)を年3回発行しております。また会員のためのリストサーバーとしてeastlib（イーストリブ。アドレスはeastlib@listserv.oit.unc.edu）があります。eastlibは会員間の重要な情報伝達手段で、「日本資料提供の協力体制」にも大きな役割を果たしております。eastlibはクローズド・リストですが、CEAL会員外の方も加入できます。

CEALの中の委員会としましては
- Committee on Japanese Materials 日本資料委員会
- Committee on Chinese Materials 中国資料委員会
- Committee on Korean Materials 韓国資料委員会
- Committee on Technical Processing テクニカル・プロセス委員会
- Committee on Public Services パブリック・サービス委員会
- Committee on Library Technology ライブラリー・テクノロジー委員会

があります。韓国資料委員会と中国資料委員会以外は多少日本に関連していますが、日本語コレクションに関する主な役割は日本資料委員会が果たしております。

日本資料委員会の協力体制に関連する活動としましては、定期的には、年次会議を行ないます。その折には、日本研究資料に関するミニワークショップ、ニュース、紹介などがあり、定期的な情報交換の場となります。

　不定期的な活動としては、過去には、1988年秋、日本への研修旅行、英語のタイトルが Japanese Studies Librarians' Tour of Libraries in Japan というのがございました。

　1992年には北米における日本雑誌総合目録（National Union List of Current Japanese Serials in East Asian Libraries of North America）を編集発行しました。

　研究図書館協会、ARL (Association of Research Libraries) の事業である外国資料収集プロジェクト(Foreign Acquisition Project)の一環として要請を受け、日本資料の現況について調査を実施し、それに基づき1993年2月に Report of the Task Force for ARL Foreign Acquisition Project for Japanese Materials （研究図書館協会海外資料プロジェクト日本資料タスクフォース報告）を発表しております。

　また、1993年、および1999年には、日本研究ライブラリアンのためのワークショップを開催したことなどが挙げられます。

　CEAL そのものは東アジア全体に関係する図書館、ライブライアン、ライブラリアンシップを掌握する組織・団体で、その中に日本資料委員会があるという設定です。実際の日本研究の図書館活動を行なっている主な図書館・ライブラリアンはこの CEAL に属する図書館・ライブラリアンです。

　私がやや執拗に CEAL についてくりかえしましたのは、実はもうひとつ NCC という組織がございまして、アメリカの日本研究図書館事情を複雑にしておりますので、「日本資料提供の協力体制」の観点から二つの組織の役割を私なりの解釈で明らかにしたいと意図しております。

　それでは NCC ですが、North American Coordinated Council on Japanese Library Resources の略称です。旧名称をご存じの方のために申し上げますと、先日(2000年)1月8日の理事会でカナダを含めるために英語名称を National

からNorth Americanに変更いたしました。名称変更に際し、日本語の名称まで討議がおよびませんでしたので、日本語名称は「全米日本研究資料調整委員会」という旧名をご紹介しておきます。

NCCは、日本研究プログラムの増加、日本研究コレクションの増加・増大などによる日本研究図書館・蔵書環境の変化に対応し、将来の指針を設定し計画をたてるため、1991年11月7日スタンフォード大学フーバー研究所で会議 (Hoover Conference on National Planning for Japanese Libraries、通称フーバー会議)が持たれました。この会議で組織されたナショナル・プラニング・チーム(National Planning Team for Academic Japanese Libraries、略称NPT)の報告・勧告に基づき1991年12月に設立されました。

NCCの目的は：

A. 蔵書共同構築、アクセスの改善、日本研究ライブライアンシップのための教育、その他関連活動に関するプロジェクトのため、調整・開発および援助資金（ファンディング）調達を行なう。
B. 情報資源に関連するライブラリアン・学者・およびその他の関係者の集合的な必要性を明瞭にし、勧告を誘導するという目的にそった情報の収集、配付を行なう。
C. 意義のあるプログラムを進展させるために援助資金提供機関に対して助言、協力を積極的に行なう。

となっております。

運営資金の助成を日米友好基金と国際交流基金から受けております。組織としましてはチェアー（議長）のライブラリアンがおり、その下にディレクターが実務を担当します。理事会はライブラリアン、ファカルティー、日本リエゾン、CEAL、ARL、AAS NEAC (ニアック、North East Asia Council)の各代表など12-3人により構成され、年2回会議を持ちます。また、広報誌として *NCC Newsletter* を発行しております。

NCC は必要に応じて委員会を組織・召集します。いろいろなプロジェクトと委員会が設置されましたが、現在実際に稼働している協力体制に関連する委員会としましては以下のものがあります。

- Multi-Volume Set Project (MVS Project)、多巻セットプロジェクト

このプロジェクトは、どの図書館でも必要とするものではないが、日本研究に必要な 10 万円以上の高価な多巻セットを、最低 1 セットを北米の図書館に確保し、それを共同利用することが目的です。このプロジェクトでは最大 75% の購入資金を援助します。従って、特定の多巻セットについて資金援助をうけた図書館は、OCLC または RLIN の CJK サブシステムですみやかに目録をとり、目録の中にこのプロジェクトの資金援助を得て購入したものであること、ILL を無料で行なう、という注記をいれる義務があります。

- The Japan Art Catalog Project、美術展覧会目録プロジェクト、通称 JAC (ｼﾞｬｯｸ) プロジェクト

これは日本の近・現代美術展覧会目録を一括して収集するというプロジェクトです。日本のアートカタログライブラリーから送られて来る美術展目録についてフリアーギャラリー図書館が北米でのリポジトリーライブラリーの役割を果たすというもので、MVS プロジェクトと同様、目録と ILL の義務があります。

- The Japan Foundation Library Support Program、国際交流基金図書館援助プログラム

これは国際交流基金の助成応募プロポーザルの評価を行なうものです。評価の一つの基準として、アメリカとしての日本研究コレクション全体に寄与するもの、コンソーシアムなど共同利用を意図したものを優先する原則があります。

- AAU*/ARL/NCC Japan Journal Access Project

AAU/ARL Global Resources Program の一環として Union List of Japanese Serials and Newspapers を Japanese Journal Information Web として設立。

これは参加図書館が逐次刊行物の所蔵情報をホストであるオハイオ州立大学に電子的に送付、それを編集してからアクセスできるようにしたもので、アド

レスはhttp://pears.lib.ohio-state.edu/ULJS/index.htmlです**。現在は情報提供側の図書館の負担を軽減するため原則としてカレントなタイトルのみとしています。このリストはILLをはじめ、逐次刊行物のリソースシェアリングの基礎資料とすることを目的としております。

* Association of American Universities、研究機能をもつ50余のアメリカの大学の組織。
** 2000年9月より改訂版 http://pears.lib.ohio-state.edu/uljsn/default.html にアドレス変更。

- AAU/ARL/NCC Document Delivery Project

これは上記の AAU/ARL/NCC Japan Journal Access Project の一環として、日本の国立大学図書館協議会との協力で行なわれているものですが、日米間でAriel（エアリエル）あるいは EPICWIN（エピックウィン）という電送手段を使用した、ドキュメント・デリバリー・サービスについての実験プロジェクトで、本年1月より稼動を開始しました。

NCCは名称の通り、北米に於ける日本研究をより効果的にサポートするために、個々の図書館レベルでは不可能な、またはそのレベルを超えた日本研究資料、それをとりまく環境全体の調整を図るということを目的にし、その運営のため二つの財団から資金が拠出されていること、そしてその事業の推進のために必要であれば資金、ファンディングの調達もするということ、が特徴かとおもいます。

ただ、NCCとCEALの役割分掌ははっきりとしておりません。また、NCCの事業の基礎はCEALのメンバーとなっているライブラリーとライブラリアンだと思います。

IV. まとめ

最後にまとめを申し上げますと、北米には日本資料提供の協力体制の基盤として、CEAL及びNCCという協力組織、そしてRLINとOCLCという書誌ユーティリティのCJKおよびILLサブシステムがあります。

全体的な傾向としては、一つには紙・印刷媒体から電子媒体への移行があると思います。例えば、冊子体だった *Union List of Serials* や *National Union Catalog* などが RLIN や OCLC などの書誌データベース、そして Web 版の Union List of Japanese Serials and Newspapers に変わりつつあります。

また、別の傾向としては、eastlib を媒体として個別から全体的な協力への移行があります。例えばレファレンス、蔵書などの問い合わせは従来、ライブラリアン個人の懇意関係で行われていたものが、eastlib にポスティングをすることにより、全図書館・ライブラリアンからの応答を一挙に得られるようになりました。

注1) CEAL の歴史

1960 初期、Committee on American Library Resources on the Far East (CALFRE、アメリカ極東図書館資料委員会)として発足。機関誌 *CALFRE Newsletter*、1963 年 5 月 22 日創刊。

1967 年 7 月、CALFRE から Committee on East Asian Libraries (CEAL、東亜図書館委員会) に名称変更。機関誌 *CEAL Newsletter*。1977 年、*CEAL Bulletin* に誌名変更。

1995 年、Council on East Asian Libraries に名称変更、略号 CEAL に変更無し。機関誌 *Journal of East Asian Studies* (*JEAL*、ジール) に誌名変更。

EAJRS（日本資料専門家欧州協会）の活動

松江万里子

ルーバン・カトリック大学日本学科専任講師
EAJRS事務局

はじめに

EAJRS（European Association for Japanese Resource Specialists）、日本資料専門家欧州協会で事務局、セクレタリを担当させていただいております松江と申します。

1．EAJRS

ホームページ（http://www.eajrs.org）には協会設立の経緯の英文のものが掲載されておりますが、簡単に申し上げますと、1988年9月に大英図書館で開催された日本研究資料に関するコロキアムの後、日本研究資料の提供に興味を持つ人すべてを含む専門家集団を作りたい、とヨーロッパの司書、学芸員、学者が集まりました。それが翌1989年、西ベルリンの国立図書館で開かれたワークショップにつながり、そこでEAJRSが設立されました。これは、ヨーロッパ全体、あるいは日欧の学術や情報技術における大きな変化を反映したものでした。目的は、ヨーロッパにおける日本研究に関係する図書館資料や各種情報の普及・流通に益する、というものです。

EAJRS の特色として申し上げたいことは「資料」です。リソースということ、しかも日本研究の資料ということをキーワードに、図書館司書のみならず学芸員や研究者など、主にヨーロッパの日本研究の資料にかかわる人々が集まって情報交換をするということになっています。

2．会議の規模

参加国に関してですが、一番最近の第10回年次会議はポーランドのクラカウで昨年9月に行われまして、12カ国から51人の参加者をお迎えすることができました。内訳は、日本から15人、イギリスから7人、開催地のポーランド6人、ドイツ6人、ベルギー4人、スウェーデン4人、ロシア3人、フランス2人、オーストリア、デンマーク、オランダ、アメリカ各1人でした。

日本からは15人の方々にいらしていただきました。参加機関名を申し添えますと、国立国会図書館、学術情報センター（NACSIS）、国際文化会館、国際日本文化研究センター（日文研）、外務省外交史料館、国文学研究資料館等からお越しいただきまして、日本に関する、特に最新の状況をお知らせいただきました。

今申し上げましたほかにも日本からご参加いただいておりますが、国会図書館、NACSIS、日文研の方々はほぼ毎年ご参加いただき、特に最新の日本情報の発信にどういう展開があるかというご紹介、ご説明をいただいており、ヨーロッパにおりますものとしては、大変ありがたく思っております。

ヨーロッパの参加国として、イギリスが1番大きいグループになっておりますけれども、大英図書館、日本研究として一番古い歴史を持っているロンドン大学のSOAS、また昨年はご参加いただけなかったのですが、大英博物館のほうからもご参加をいただくことがよくあります。

その次に、ドイツからは、この研修に参加されている、ベルリン日独センターの桑原さん、それからほかに今年の会議にはご参加いただけなかったのですが、ここにおいでになるデュースブルグ大学の山田さん、ベルリン国立図書館

やケルンの日本文化会館からもご参加をいただいております。ドイツからは毎年ご参加をいただいておりまして、ドイツの中での日本研究や資料の状況、このあと桑原さんからお話があると思いますが、いろいろ活発にご発表いただいております。

3．特徴

　EAJRS の大きな特徴としては、参加組織・参加者背景の多様さがあげられます。今申し上げましたように、参加組織は、資料に携わっているということで、直接的には司書、それから博物館学芸員ということになりますが、そのほかにも関連領域研究者、資料そのものを見つけたとか、新たに整理をしたとか、そういう役割を負っていらっしゃる研究者の方にもご参加をいただいております。つまり「日本資料」ということを焦点としながらも参加者の職種の上での広がりに関しては、EAJRS はかなり奥深いものがある、と言っていいと思います。
　このワークショップのテーマである「協力体制」という観点からすると、体制と申し上げるには、EAJRS はあまりに緩やかであるかもしれません。何をもって協力とするかと言った場合に、EAJRS の年次会議という機会があります。配布資料の最後の 3 枚はプログラムになっているので見ていただくとお分かりいただけるかと思いますが、会議の期間が 4 日間あります。会議発表や総会ももちろんですが、その間にコミュニケーションの機会があります。初日に受け入れ先の方にレセプションをやっていただきます。それからコーヒーブレークで、それぞれ似たような問題点をお持ちの図書館や博物館の方が情報交換をされます。それから、必ず地元での伝統的なディナーをいただくというのが、これも歴史的に組み込まれていて、地元の方々と交流をします。最終日に年次総会があるのですが、その日の午後は、われわれは遠足と申しておりますが、せっかくですから見ていってくださいと言われるような地元のいろいろな場所に案内していただくという構成になっております。これは会議の開催場所とな

った日本研究機関の背景を知ることに役立っております。

　会議自体もそうですが、こうした活動を通じて、協力が体制という呼べるほどの形でサポートされているのではなくて、顔を知ってしまった以上、そのあとファクスが来て、「こういうことをちょっと頼まれていただけませんでしょうか」という話をした場合に断わりにくい。「あの人がああいうふうにおっしゃっているのだったら、そうね」という感じの空気が醸成されて、それはサロン的といいますか、同じ志、同じ仕事の問題点や悩みや楽しいこと、つらいことを、ある意味で共有できる人間が1年に1度会って、「あれはどうなっている」「こうなっている」という話をする。そしてヨーロッパが中心ですが、世界に散らばっていく。これは体制としては確定したものではありませんし、規制があるものでもありませんけれども、協力を推進していく実際の力というのはこういう交流から生まれるのではないかと思っております。

　あとでお読みいただけるとお分かりいただけると思うのですが、EAJS (イージス、European Association for Japanese Studies、ヨーロッパ日本研究者会議)という、3年に1度開催されるヨーロッパの日本研究者の会議があります。今年の夏にはフィンランドで大規模な会議があるのですが、EAJRSはもともとそのリソース部門ということで独立しました。なぜ独立したかと申しますと、ひとつにはEAJRSは3年後毎の開催であり、情報のアップデートという観点からすると、少々間延びしていることが挙げられます。またヨーロッパ日本研究者会議というのは規模がものすごく大きいものですから、結局、横の交流が限られてしまいます。例えば研究者はある意味では自分の関心にだけ向かっていけばよろしいかもしれませんが、資料担当の側は、資料という意味では限定されますが、内容や分野は多岐にわたるわけです。ということは、関心領域を常に開いておく必要があります。

　特に議題として設けるとか、セッションとして作るということではなくても、何気ないコーヒーブレークの間の会話から、会議が終わって自分の国に戻って仕事を始めたときの日々の仕事に反映される事柄も少なからずあるのではないかと、開催、オーガナイズしている側としては自負しております。

例えば、『雑誌記事索引』冊子体刊行中止決定を巡って、1995年、1996年にはそのような動きがありました。冊子体の刊行がなくなってCD-ROMだけになると大変困るという要請決議を、1995年にEAJRSでお出ししました。1996年には国会図書館のほうからお越しいただきまして、事情をご説明いただくと共に、「協力したくないから冊子体を刊行中止するわけではない」というご説明をいただきまして、「なるほど」というふうに収まった、ということがありました。交流としてはけんかしないで済むということでもいいのではないかと思います。

4．今後の課題・展望

今後の課題・展望ということで、配布資料には一応6点挙げておりますが、何点かご説明いたします。

「資料」とは何か。私どもの会議に入っております資料という言葉、リソースなのですが、背景に会議の成熟があるというふうに配布資料に書きましたのは、例えば今まででしたら、新しく会議にご参加くださった所が、ご自分の所の新しいコレクションやコンピュータ・カタロギングの話など、皆さんが自己紹介をするような感じでこの10年がたっています。その意味では、ある程度一通り、紹介的、お披露目的な発表は出尽くした感があります。もちろん、そのあとのアップデートされた状況のご報告もいただきたいのですが、更に、これをどう活用していくか、と考えた場合、EAJRSの包摂しています資料の幅の広さは、文献あり、美術資料あり、博物館の展示品あり、という具合ですから、どのように軸を立てるのか、という問題につきあたります。

また社会がインターネット化してきており、EAJRS設立当初には少なかった電子情報が、今では加わっています。さらにインターネットによって、前は囲い込まれていた情報が開かれてきた。ただし、開かれてきたことによって今度は見えなくなってきたこともあるのではないか。たとえば、①電子化しづらい情報など、資料そのものの持つ価値や情報などとは別に、単に「電子化され

にくい」ということによって、一段低くみなされかねないのではないか。②記載漏れ、書誌情報の入力制限など何らかの形でこぼれてしまった情報は、あたかも存在しなかったかのように扱われることになってしまうのではないか、などといった問題も出てくるわけです。その中で、入手しにくい情報は結局ずっと入手しにくいままなのではないかという問題も残っております。つまり、資料が情報に替わっても変わらない問題があります。私どもの会議でこうした課題に対する提言ができていけばいいのではないかと思います。

　会議の使用言語の問題というのもあります。これは日本研究関係の情報を扱う海外の機関として、今後顕在化する可能性があるのではないかと思うのですが、日本語を資料として扱っている場合に、必ずしも日本語運用能力が充分ではない参加者、発表者、そういう人たちを言葉によって排除することがないようにするためにはどうしたらいいかということです。他方、日本からご参加いただく方の場合、やはり英語で発表しなくてはいけないからと、出していただける情報が減るということだと、それも問題です。その辺をどうしたらいいかというのはこれから議論をしなければなりません。

　会議発表内容へのアクセシビリティー向上については、今までの会議の出版が遅れておりまして、これは議長が忙しすぎる人が続いているせいなのですが、これに関しても、今まで出版という媒体しか考えられなかったのですが、ホームページでなるべくアクセスできるようにしようということです。

　東欧諸国の参加促進ということで、現在の議長のペーター・パンツァーが、特に旧東欧、物理的に東側にあるヨーロッパ部分の方々の参加を促進するために、なるべく東欧圏で開催していこうという方針を持っております。これによって、多くの人が会議のために東欧圏の日本研究機関を訪れるという体験をしますし、開催地側の日本研究機関にも自信をもたらしております。

　今年の年次総会は、現在のところの予定では9月27日から30日まで*、水曜日から土曜日までとなっております。場所はチェコのプラハで開催すると内部的には決まっております。

　ホームページを見ていただくと分かるのですが、100パーセント国際交流基

金の援助にお願いしている状態ですので、この研修の初日にも申し上げましたが、議長のほうからも「ぜひよろしく」と言付かっております。今後とも末永くよろしくお願い致します。

 *実際には一週間後の 2000 年 10 月 4 日から 7 日に開催された。

ドイツ語圏日本関係図書館連絡会について

桑原節子
ベルリン日独センタードキュメンテーション部長

はじめに

　ベルリン日独センターの桑原でございます。ドイツ語圏、つまりドイツとオーストリアとスイスの中で日本資料を扱っている図書館の関係者の集まった、ドイツ語圏日本関係図書館連絡会について、ご報告いたします。
　正式にはドイツ語で Arbeitskreis Japan-Bibliotheken(アルバイツクライス・ヤーパン・ビブリオテーケン)と申しますけれども、1995年の夏に発足しまして、昨年の11月に第13回目の会議をケルン大学で開催致しました。この会の発足の経緯、あるいは現在までの活動をここで簡単にご紹介したいと思います。

I. 発足の経緯

　1995年の7月、ケルン日本文化会館の図書館、これは国際交流基金のケルン支部ですが、この図書館と、この図書館から距離的に大変近いケルン大学日本学科図書館が、図書のデータベースに偶然同じハード及びソフトウエア、すなわちマッキントッシュを使って、ファイルメーカープロというソフトで図書の整理をしておりましたが、そういった共通点から、情報交換によって技術面の問題を解決し協力していくために、話し合いの場を持ちました。

そして数カ月後、1995年10月の第2回目の話し合いには、同じソフトとハードの組み合わせを持ったベルリン日独センターの図書室も加わりました。それ以降、これら3図書館を中心メンバーとして、年に3回、あるいは1999年以降は年に2回になりましたが、ケルンで会議が開かれております。会場はケルン日本文化会館図書館、ケルン大学の日本学科といつも交互に開かれております。

　現在までの参加者には、上記の3図書館のほかに、この研修にも山田さんが参加していらっしゃいますが、デュースブルク大学東アジア研究所及び大学図書館東アジア部門、マールブルク大学日本学研究所及び同大学図書館日本部門、トリア大学図書館日本部門、ベルリンのフンボルト大学日本学研究所、ハイデルベルク大学日本学研究所、ボン大学日本学研究所、ヴュルツブルク大学東洋学研究所、ミュンヘンのイフォ経済研究所日本部門（この日本部門は残念ながら昨年暮れで閉館となりました。）、それに加えて、同じミュンヘンの国際児童図書館日本部門、そしてスイスのチューリッヒ大学東アジア研究所、それからドイツ国立情報処理研究所東京支部の情報図書担当の方など、ドイツ語圏の学術機関で日本資料を扱っていらっしゃる担当の方々があります。毎回参加する方もおいでになりますし、1回おき、あるいは今までに1度だけ参加なさった方もいらっしゃいます。

II. 発足の背景

　ここで、どうしてこういう会が発足したかということについてお話ししたいと思います。ドイツ語圏の日本関係図書館の間では、従来、あまり協力活動が活発ではありませんでした。もちろん、ドイツ語圏最大の日本関係コレクションを所蔵しているベルリン国立図書館と各大学の日本学研究所の間でのILLの関係は非常に強いのですが、それ以外にあとはほとんど協力体制というものがありませんでした。したがって情報交換の場、共通問題を議論する場もほとんどありませんでした。

協力体制がないのは単に、図書館や大学組織がドイツの地方分権制度のもとに置かれているからという点ばかりが原因ではありません。日本関係図書館は予算・人員・蔵書のそれぞれの規模が共に大変小規模な所が多く、長期契約を持つ専任司書が置かれているほうが大きな例外といった現状も、協力体制を築く上で障害になっております。

ちなみに、ドイツ語圏の日本関係図書館で中心的役割を果たしている大学の日本学研究所図書室及び日本学研究室のある大学の中央図書館、全22館のうち、日本資料専任で司書資格を持ち、常勤のスタッフで、しかも何年契約というのではなく長期の契約を持ったスタッフを持っているのは3館だけです。

大学の日本学研究室図書館あるいは図書室では、担当者が学生アルバイトであったり、また研究室助手が兼任している場合が多く、従って、学期ごとあるいは数年ごとに担当者が入れ代わり、また、かなり例外的ではありますが、そのたびにシステムが入れ代わる図書館もありました。

ベルリン国立図書館東洋部門、あるいはケルン日本文化会館図書館など、日本資料だけを中心に収集する大規模な図書館を除いては、大学の日本学研究室以外の図書館、いわゆる大学図書館では、日本関係資料はかなり特殊な分野として取り扱われ、日本語が分かる方がいらっしゃらない、という日本語の問題、あるいはその日本資料を専門に扱う専任の司書のポジションがなく、日本語の資料は中国語の担当者、あるいは東アジア部門全体の担当者が兼任で行っているところがほとんどです。

III. 活動

こういった問題点を背景と致しまして、具体的に各図書館の実情を把握する必要を感じ、まず私たちドイツ語圏日本関係図書館連絡会はアンケート調査を行いました。その結果を『ドイツ語圏日本関係図書館』*といった冊子状にして出版することが、この連絡会の対外的な活動の第一歩となりました。小冊子『ドイツ語圏日本関係図書館』は1996年5月に刊行されました。

このアンケートの調査結果の分析も行われ、その結果が1996年9月に開かれた、ただいま松江さんからご紹介のありました欧州日本資料専門家会議(EAJRS)で発表されました。また、翌年の1996年3月にボン大学で開かれたワークショップ「日本研究のための情報化戦略：ドイツの日本研究における日本語データ処理とコンピュータ利用」、かなり長い題なのですが、そういったワークショップで発表されました。ちなみにこのワークショップは「日本資料」というものをテーマとしてドイツ語圏の大学の日本研究科で開かれた、初めての大規模なワークショップでした。

1998年末からの第2回目のアンケート調査では、第1回目の結果を検討して質問を追加したり、あるいは質問のかたちを回答者がなるべく回答しやすいように変更しました。1回目の質問のほかに、更に日本資料担当者のポジションや日本語の能力について、またコンピュータ化のその間の進展に対応して、技術面のデータもかなり細かく質問事項に加えました。

この第2回目の調査結果は、1999年5月に、『ドイツ語圏日本関係図書館』の第2版改訂版として刊行されました。今回は便利で使いやすいように、サイズも縮小しました。こちらに何冊か持ってきてありますので、ご希望の方は、後程受付の方におっしゃってくださるようお願い致します。

IV. 第2回アンケート調査（1998/99）結果

それでは、この第2版の結果を簡単に皆様にご紹介したいと思います。

ドイツ語圏約90の機関にアンケートを送り、そのうち回答率は69パーセントの62機関でした。無回答の機関の中には日本関係図書を所蔵していると分かっている所もかなりありましたが、回答する担当者がそれらを把握していない、あるいは担当者が全くいないので、回答してこないと思われる機関が大多数でした。

回答してくださった62機関を種別でみると、大学の日本学科あるいは日本語学科が22、日本の経済、法律、美術などが研究対象の一部となっている大学

の研究室及び大学中央図書館が15、大規模な国立図書館、ベルリン及びミュンヘンの国立図書館の東洋部門ですが、これが2カ所。日本の経済、法律、美術などが研究対象の一部となっている、大学以外の機関。これはマックスプランクの法律研究所、経済研究所、あるいは東洋美術館、民族学博物館の日本部門などですが、これが合わせて17。それから日本のみが対象となる、日本あるいは準日本機関、これは国際交流基金のケルン日本文化会館や、私どものベルリン日独センターなどですが、これが合計5カ所でした。

V. 大学日本学科・日本語学科図書館における司書と蔵書目録電子化状況

　ここで、ドイツ語圏で一番日本関係資料を必要とし、また日本語で書かれた文献資料も活用している大学の日本学科あるいは日本語学科の図書館22館を対象に、特に司書と蔵書目録電子化状況を調べてみたいと思います。
　お手元のレジュメをご覧いただけると、数として一番把握しやすいかと思いますが、司書のポジションの場合、担当者が専任の図書館が4、それに対して担当者が兼任である、すなわち学生や助手、講師であるなどが18です。司書資格については、日本で取ったものでも、ドイツで取ったものでも、担当者が正式な資格をもっている所が5、いない所が15。それから大学の中央図書館のように数人の担当者がいる所では、資格を持っている方とない方とが混ざっていますが、そういった図書館が2カ所ありました。
　日本語の問題ですが、日本語が問題なくできますか、できませんか、あるいは日本語の問題が少々ありますかといった場合に、日本語の問題があると答えた所が2カ所、日本語の問題が全くないと答えた所が15カ所、少々問題があると答えた所が3カ所。大学中央図書館のように、日本に全く関係のない方が日本関係の図書も扱っており、日本学部の図書担当者が補助しながらといったかたちの所が2カ所でした。
　また、常勤非常勤の別では、日本図書担当の方が常勤の所が7カ所、非常勤の所が12カ所、常勤と非常勤が混ざって勤めている所が3カ所でした。先に

も述べましたように、司書のポジションに関しては、かなり厳しい状況にあると思われます。

　日本資料の担当者が兼任の図書館が 18 と非常に圧倒的ですが、その内訳は先に申しましたように研究者や助手、あるいは学生、講師ということで、その性格上、担当者が常勤であるというふうにお答えになっていても、実際、図書の仕事のために使用できる時間は非常に限られていることが多いと思われます。

　また、学期あるいは数年ごとの交代があるために、長期的な計画を立てにくい現状があります。例えば、前の係が取っていた書誌データの取り方と、次に来た方の取り方が全く違っていたり、ローマ字化をするときにローマ字化の長音の所が全く違ってきたりということが、多々あります。

　お恥ずかしながら私もそうなのですけれども、司書資格のない担当者が非常に多いために、図書館や書誌に関して非常に不明な点が多く、分からない点も出て参ります。学生が担当している場合、日本語の知識の問題が実際に出てくることが決して少なくありません。

　次に、蔵書目録の電子化の状況について、このアンケートをもとにして、お話したいと思います。

　目録が電子化されている、あるいは一部電子化を始めて、今進行中という所が、全体で 22 館の図書室のうち 18 館です。電子化を予定している、あるいはコンピュータまでは買っているけれども入力は始めていないという所が 2 カ所、それから電子化の予定が全くなしと答えた所が 2 カ所です。電子化の予定が全くなしと回答した図書館は、その理由として予算と人員の不足を挙げております。

　電子化されていると答えた 18 の図書館のうち、11 館は日本語の使用が可能なソフトを使用しています。そのうち、マッキントッシュ機、ファイルメーカー使用が 6 館、フォースディメンション使用が 2 館、MS-DOS ウィンドウズ機、アレグロ C 使用は 3 館です。

　日本学関係者は、日本語の使用可能な蔵書目録を希望しますが、日本学研究室の蔵書を大学中央図書館が管理している場合には、大学の所属する地域の電

子化総合目録に参加する義務があり、総合目録には日本語が入らないので、日本語を使用できない図書館もありまして、一部、日本語図書のみ別途に日本語使用可能なソフトで個別の目録電子化を図っている図書館もあります。

　コンピュータの担当者は、目録が電子化されている18館のうち、日本資料担当者自身がコンピュータも担当しているというのが11、研究室のコンピュータ担当学生あるいは大学のコンピュータ担当者が担当というのが4カ所、日本資料担当者自身とコンピュータ担当学生が共同で担当するが2カ所、外部のコンピュータ専門家に依頼しているが1カ所という現状です。従って、コンピュータ技術のみならず日本語ソフト使用の際には、日本語及び日本語ソフトに関して不明な点が出てくることが非常に多いと思われます。

VI. 1996年調査と1999年調査の比較

　1996年度と99年度の結果を比較しますと、質問自身が変化したということももちろん考慮しなければなりませんが、この3年間に実際どういう変化が見られるでしょうか。これはレジュメとしてお配りしたものに、司書のポジションとかあるいは蔵書目録電子化現状の96年、99年度の比較が少々載っておりますので、それをご覧ください。簡単に言うと、この間に担当者の増加があったところが6、一部電子化も含む電子化目録が9から18に増えました。

VII. ドイツ語圏日本関係図書館連絡会の協力関係

　日本学の関係者が、日本関係資料図書館の持つ問題について初めて討議した1987年の第7回ドイツ日本学学会総会では、参加者の全員、当時はベルリン国立図書館の東洋部門、ベルリン自由大学、ボッフム、ボン、ハーンホルト、ハンブルク、ハイデルベルク、ウィーンの各大学の日本資料関係者でしたが、各図書室の現状を、人員、予算及び図書室の場所、面積という観点から見たときに、すべてに非常に問題があると断定しており、一部では壊滅的な状態であ

るという表現をした方がいらっしゃいました。

　以来12年以上が経過しまして、蔵書目録の電子化状況の進展を除いては、学生数の急増などを考慮しますと、人員、予算、及び図書室の場所、面積という観点では決して大きな進展があったとは言えないのが、残念ながら現在の状態です。こういった状況の中で日本資料図書館の相互協力、情報の流れの改善は、より一層重要となってくると思われます。

　現在まで、日本関係図書館連絡会は、同会の出発点となったコンピュータ技術面での問題だけではなく、毎回さまざまな共通の問題、例えばローマ字化や分かち書き問題などを議論し合うほか、日本の蔵書目録電子化、NACSIS との協力などを大きなテーマとして参りました。

　情報交換として、図書館あるいは日本情報関係のセミナー、会議、研修の内容報告も行い、新しい有用なインターネットアドレスや参考図書の紹介を行っていますし、また毎会議の初めに必ず参加図書館の近況報告を恒例として行っております。

　レファレンスの際の相互の協力、重複本・資料の交換も行われ、参加図書館の間で新しく日本語雑誌の電子化総合目録を作ろうとする動きもあります。

　お手元の資料には間違って1999年とありますが、今年2000年の11月には、この日本関係図書館連絡会が国際交流基金・学術情報センターと共催で、国会図書館、科学技術振興事業団のご協力を得まして、ベルリン日独センターにおいて、「21世紀のドイツ語圏での図書館に向けた日本情報」と題したワークショップを、データベースの実演をも含めて開催する予定があります。これを機に、ドイツ語圏の日本関係資料を扱う図書館の協力が一層深まることを期待しております。

　また、日本側の担当者の皆様方にこれからもご協力を願えましたら、と存じます。

* 『ドイツ語圏日本関係図書館』(Japanbezogene Bibliotheken im

deutschsprachigen Raum、ヤーパンべツォーゲネ・ビブリオテーケン・イム・ドイッチュシュプラヒゲン・ラウム) Japanisch-Deutsches Zentrum Berlin; Japanisches Kulturinstitut, Koeln; Universitaet zu Koeln Ostasiatisches Seminar, Abteilung Japanologie 共編. Koeln: Arbeitskreis Japan Bibliotheken, 1996 および1999.

イギリスの協力活動の現況

ヘイミッシュ・トッド（Hamish A. Todd）
大英図書館（British Library）
Japan Library Group 事務局

はじめに

　イギリスにおける日本語図書館の協力活動について発表いたします。ここでは三つのテーマをとりあげます。まず、ジャパン・ライブラリー・グループ、次に国立図書館であるブリティッシュ・ライブラリーの協力活動、最後にわれわれ日本司書が一番誇りに思っている英国日本語出版物総合目録の順で述べていきたいと思います。

I. ジャパン・ライブラリー・グループ（Japan Library Group）

　まずジャパン・ライブラリー・グループについてですが、野口さんがおっしゃった北米の状況に比べて、財政が比較的少ないので、英国の日本図書館や日本専門関係司書にとって ILL などの協力は非常に大切です。そこで 1966 年に協力のための組織としてイギリスの日本図書館グループ、ジャパン・ライブラリー・グループ（略して JLG）が設立されました。最初のメンバーは 6 館でしたが現在 23 館 40 人あまりに増えました。JLG には、1）メンバー相互の情報交換の場とすること、2）日本研究用の蔵書を増やすため、限られた財源を有

効に利用すること、3)ライブラリアンとユーザーの間のコミュニケーションをより円滑にすること、という三つの目的があります。

　グループは、資料収集の合理化のため、最初から共同プロジェクトに力を入れました。その最初の成果は、*Checklist of Japanese periodicals held in British university and research libraries* という書名で1968年に出版された、英国大学研究図書館蔵の日本語学術雑誌総合目録です。これには人文社会科学及び科学技術関係の逐次刊行物2,249タイトルが含まれています。1977年にこの第2版*が出版された時は、その総計は約6千タイトルに増えました。この、2倍以上という大きな増加率は、初版が出版された後、英国内に所蔵がないタイトルや所蔵のギャップをJLGのメンバーが埋めようとした結果、所蔵タイトルが増えたことによると思います。

　逐次刊行物だけではなく、モノグラフも収集協力が望ましかったのですが、1974年、田中角栄首相が寄贈した田中基金の財政的な援助により、共同収集システムを始めることができました。参加図書館は大英図書館、ロンドン大学、オックスフォード大学、シェフィールド大学の4カ所の図書館でした。当然ながら個々の機関の性格や大学の教育課程の内容によって、これらの図書館の収書方針や分野は違っていました。そこで共同収集システムの対象となったのは、各図書館が自分の予算で買った図書の範囲以外に望まれる、余裕分でした。各図書館の収集の専門分野に合わせながら、受け持ちの分担を決めて資金を等分に分けるというやり方でした。このシステムの基本的な目的は、参加館の間ではできる限り重複を排除し、英国全体では必要な書物をなるべく幅広くカバーしていくことにありました。残念ながらこのシステムは、いわゆる田中基金に対する要求の急増や基金利息の減少などのため1992年に中止されましたが、この17年間の貢献は英国の日本図書の収集に大きな影響を与えていると言っていいでしょう。

　JLGは情報交換という第2の目的を果たすため、年に2回、春と秋に常例会を開きます。会議は情報交換を中心とし、各メンバー図書館における展開と問題が紹介され、日本側の関係機関の技術的な発展その他が話題になります。な

おこの会議のほかに JLG は、情報交換・レファレンスなどのため、lis-jp という電子メールグループを設立しました(アドレスは lis-jp@jiscmail.ac.uk)。

なお、最初の目的にもありますが、JLG のもう一つの目的はユーザーとライブラリアンの間の交流の機会を作ることです。年2回の会議のうち秋の会議はいつも British Association for Japanese Studies という一般的な日本研究者の学会と同時に行い、ライブラリアンと研究者などの間の交流を図っています。

II. 大英図書館

次に、私の勤め先の大英図書館に少し触れたいと思います。大英図書館または英国図書館、British Library または BL と言います。イギリスの国立図書館であり、大英博物館の図書館とほかの図書関係機関の合併により、1973年に設立されました。その全蔵書はかなり大きく、図書1,200万冊をはじめ写本は29万冊、新聞65万冊、レコード、楽譜、切手、写真、絵画、特許等なども所蔵しています。

日本関係の資料は主に三つの部門に収集されています。私の勤め先の Oriental and India Office Collections (東洋・旧インド省コレクション、略称 OIOC)が一番大きく、あとは Science, Technology and Business (科学・技術・商業部門、略称 STB)、また、Document Supply Centre (文献供給センター、略称 DSC)にも所蔵されています。

東洋・旧インド省コレクションは、元の大英博物館図書館の東洋コレクションと東インド会社と政府の部門であったインド省の記録と書籍からなっています。その日本語コレクションには、有名な古書・写本をはじめ人文・社会科学関係を中心として、図書約7万冊、写本300点、雑誌5,700タイトルが含まれます。

OIOC の日本関係のレファレンスは、年間平均1千件を超えます。直接ユーザーから来るレファレンスと、BL のほかの部門または別の機関から回されたレファレンスが入ってきます。職員は、日本関係の司書が2人しかいませんの

で、それにしてはレファレンスがかなり多いです。利用者は、研究者・大学職員・大学生が主ですが、国立図書館ですから一般の国民からのレファレンスも少なくないと思います。

次のサイエンス・テクノロジー・アンド・ビジネスという部門は、科学の各分野・技術・商業・特許を収集し、その中に日本語の資料も入っています。今の状態ではここには日本語能力のある担当者がいませんので、詳しい説明はできません。

この二つの部門の現代日本コレクションの発展にとって、日本との協力が大きな役割を果たしました。すなわち、1951年の日英政府の間の交換協定に基づいて、国立国会図書館が大英図書館に政府刊行物や大学の出版物などを送ることになり、その結果これが、現代日本各分野の研究に非常に大切な資料群となっています。しかも、BLだけでなくイギリス国内の各日本語図書館コレクションの展開を考えますと、国際交流基金の図書寄贈プログラムをはじめ日本の政府、学術機関、企業及び個人の寄付者の援助が計り知れない大きな貢献となっています。これは特筆すべきことです。

DSC、資料提供センターは、1973年に大英図書館の北の分館として発足しました。主な機能は、日本を含む世界中の科学文献を収集し、貸し出しやコピーサービスにより文献を提供することで、BLのコレクションのみならず、大学図書館や専門図書館の協力を得て、ILLサービスを行っています。DSCは現在、日本語の逐次刊行物を2千タイトル扱っています。

イギリス国内や外国からDSCに寄せられる要請は年間428万件です。そのうち85パーセントには満足のいく答えを返しています。DSCは別の東洋部を設けております。東洋部に回される日本文献に対する要求は、1日約150件ですが、日本語を話せる人が1人しかいないので完全に満足させるのは無理だと思います。イギリスから日本に向けてのILL請求もDSCが行いますが、その数は比較的少ないです。

なお、最近イギリスの大学図書館では、NACSISや早稲田大学などの機関が提供している国際ILLサービスを利用するようになりました。

BL は広範なコレクションの保存や修復を強調しています。そのため、専門の修復家が約 20 人雇用されています。このうち、敦煌文書・日本の古書・東洋各地方の資料の保存と修復の知識と経験を持っている職員もいます。なお、国立国会図書館をはじめ、日本の図書館と BL の間の保存・修復に関して、情報交換・相互研修などが行われています。

III. 英国日本語出版物総合目録

　最後に、私たちが努力してきました英国日本語出版物総合目録について少し述べたいと思います。1990 年代以来、英国の学術図書館においては、どこも機械化が進み、各機関では目録のコンピュータ化が企画されましたが、和書の取り扱いが難点となりました。ローマ字表示のみの OPAC 提供で良いとする大学や研究機関もありました。しかし日本語表示が必要な場合、その図書館のメインシステムとは別の、日本語表示可能なシステムを開発しなければならないことは、早い時点から明らかになっていました。

　この問題を背景に、イギリスの日本語出版物総合目録プロジェクトが生まれました。1989 年学術情報センターと大英図書館の間に専用回線が開通し、同年 9 月のベルリンで行われた、EAJRS の創立会議で、ケンブリッジ大学図書館の小山騰氏が日本語表示のコンピュータ・ユニオン・カタログの提案を出しました。この提案に対して NACSIS は、これをその事業の国際展開の一つとしてプロジェクトへの積極的な協力と技術的な援助を約束しました。なお、JLG の 25 年にわたる協力体制の基盤がなかったら、この共同プロジェクトは成功・継続し得なかったと思われます。

　ここではプロジェクトの技術的な開発の経緯を詳しく説明できませんが、最初の 5 年間の開発段階をへて、イギリスから専用回線経由で NACSIS-CAT のレコードを利用して、英国の和書総合目録作成の目的に達するようになりました。最初から参加した機関は、大英図書館、オックスフォード・ケンブリッジ・シェフィールド・スターリング各大学でしたが、最近ロンドン大学の SOAS と

国際交流基金ロンドン日本語センターも加盟しました。NACSIS の計り知れない多大な技術的なアドバイスと財政的援助をはじめ、Higher Education Council for Education (HEFCE) という英国政府基金、及び大和日英基金の援助のおかげで現在、モノグラフと逐次刊行物を併せて約 14 万件のレコードを含む総合目録を作成することができました。なお、目録データは毎週 NACSIS から ftp により更新され、別紙の通り 7 種の方法で利用できるようになっています。この 7 種の方法のうちから利用者の IT 環境に最も適当なフォーマットを選択し、英国内の日本語の学術図書を検索できるようになりました。

　最後に、日本語表示目録についてですが、総合目録の開発と同時に、各参加図書館内の日本語表示目録の開発も取り組むことが必然的に必要であることが分かっていました。今桑原さんが名前をあげられましたが、採用された Allegro-C システムはドイツで開発されたもので、現在ヨーロッパの学術図書館でよく利用されています。このシステムにより CJK 目録を作成するための開発に当たっては、オックスフォード大学のボドリアン図書館の David Helliwell 氏が尽力しました。そういう知識を持つ人がいなければ本当に成功できなかったと思います。

　Allegro-C が、オックスフォード大学で導入されて以来、次々と他の学術機関も、対応性があって使いやすいこのシステムを採用して和書の OPAC を作ることにしました。これらを支持するため Allegro Users Group が作られ、その会合はメンバーが情報交換、問題解決、編成規則の決定などを行なう相互協力のフォーラムとなっています。

　この総合目録の開発は、イギリスの日本図書館の協力の成果で、各図書館の活動にとって、資料収集、レファレンス、資料提供などの面で、将来にわたっても大変役にたちます。

* *Check-list of Japanese periodicals held in British university and research libraries.*   2nd ed. / by Peter W. Carnell.   Sheffield: Sheffield University, 1976-1977.   2 vols.

資料 1

英国日本語出版物総合目録アクセスポイント

Web アクセス

  1) Web 目録 (日本語表記)　　　URL: http://juc.lib.cam.ac.uk

  2) Allegro の Web 目録 (日本語表記)

    URL http://www.bodley.ox.ac.uk/dept/oriental/allegro.htm

  3) Web 目録 (ローマ字表記)

    URL: http://www.lib.cam.ac.uk/cgi-bin/japanese-keyword-search

その他

  4) オンライン(ローマ字表記)版、telnet アクセス：telnet ul.cam.ac.uk

  5) Allegro の総合目録、telnet アクセス：telnet: erl.ox.ac.uk

  6) CD-ROM 目録

  7) Online 日本語表記版目録 (Japanese MS-DOS (DOS/V)および IP Tunnel が必要)

資料 2

NACSIS - CAT におけるイギリスの図書館の日本語資料所蔵登録
(2000 年 1 月 10 日現在)

図書館	a) 図書	b) 雑誌
オックスフォード大学	a) 44,873	b) 1,158
ケンブリッジ大学	a) 38,512	b) 1,235
ロンドン大学 SOAS	a) 19,453	b) 840
大英図書館	a) 15,345	b) 1,280
シェフィールド大学	a) 7,856	b) 0
スターリング大学	a) 3,804	b) 0
国際交流基金日本語センター	a) 1,761	b) 18
合計	a) 168,277	b) 4,531

日本関係資料に関するオーストラリア国内の協力の現状と展望

篠崎まゆみ
オーストラリア国立図書館
アジアン・コレクション日本語課司書

はじめに

　オーストラリアのキャンベラにありますナショナルライブラリー、国立図書館から参りました篠崎まゆみです。現在までのお話を伺い、私立大学図書館協会の寄贈先のお名前を一見しても、オーストラリアにある大学の名前はない状態です。オーストラリアに私立大学は数校しかないという状況もあるのですが、やはりオーストラリアというのは、かなりほかの地域から離れていて、情報がなかなか入ってこないという面があり、今回はぜひ声を大にして帰りたいと思っております。

　まず、オーストラリアの日本語と日本研究に関して、一言お話ししようと思います。オーストラリアの日本語学習の歴史は1960年代からと短いのですが、オーストラリアでは日本語と日本研究に関しての興味はかなり高く、小学校から日本語を学んでいる者がたくさんおります。大学での日本語履修者は、他の外国語にくらべて最も多くなっています。

（1）資料収集

・オーストラリア国立図書館（NLA）の現在の日本コレクション

　オーストラリアの日本語・日本研究の需要に対してオーストラリア国内にある資料の状況を比べて見ますと、まだかなり小さいコレクションしか持っておりません。私のいる国立図書館の日本語コレクションは国内では最も大きいものですが、それでも図書7万タイトル、雑誌逐次刊行物4,500タイトルです。私の働くアジアン・コレクションは日本語で書かれたもののみを扱っています。英語で書かれた日本に関するものはメインのコレクションで扱っているので、日本語のタイトルだとこれだけになります。それでもNLAの日本関係の資料は、日本およびアメリカ合衆国でのコレクション以外では、有数のコレクションではないか、と聞いております。

　NLAの外国研究資料全体に関していいますと、ヨーロッパ、アメリカなどの国々については、1990年代からおもな重点収集方針からはずされ、そのぶん、オーストラリアの出版物をより網羅的に集めていくことに重きが置かれています。ただし、アジア（主に東南アジア、および東アジア）については、これからも重視していく予定です。

　オーストラリア全体で、日本研究のコレクションで日本担当のプロフェッショナルな司書がいるという所が、5カ所ほどしかありません。その意味では相互で協力したところでかなり少ない情報を分け合うというかたちになります。

・NLAの日本関係の資料収集方針

　NLAの現在の日本関係の収集方針について少しご説明致します。先ほど申しましたように、私の所属するアジアンコレクションの日本語課では、日本語で書かれた資料の収集を担当しています。収集方針は4点あります。まず、1）社会科学及び近代以降の日本史と、2）科学技術・工学・医学関係の逐次刊行物です。次に3）政府刊行物及び新聞ですが、この中でとくに国立国会図書館より寄贈交換プログラムで頂いている政府刊行物は非常に重要なコレクションです。最後に4）オーストラリアーナと言いまして、これは、日本やカナダやほかの国々でも集めていらっしゃるようにオーストラリアについての出版物の

ことですが、日本語課では日本で出版されたオーストラリア関係書（図書／継続書）で、その数は約3千点です。その4点がわがNLAの日本語で書かれた主なコレクションの状況です。

・オーストラリア国立大学との分担収集

　収集関連での、今日のテーマになっている協力体制についてお話します。協力をほかの図書館としているのは、同じ首都キャンベラに位置する国立機関ということで、オーストラリア国立大学（ANU）との間で、収集方針の1点目に関して協定を結んでおります。分担協力の内容ですが、ANUの方は、日本語と人文科学、文学、それから近世までの日本史を担当し、ナショナルライブラリーはそれ以降の日本史と社会科学等を担当するという、モノグラフの分担収集を今のところ行っています。これに関しては、ANUが最近財源をカットされて来ており、今のところこの協定通りの分野をカバーするだけの予算がない為に、少し心細い状況が続いております。

（2）総合目録

　次に総合目録に関しての国内の協力状態について申しますと、The National CJK Service/CJK online 国内総合目録というのがございます。これは国立図書館が中心となって企画し、INNOPAC(イノパック)というシステムをこのプロジェクトに向くように作り変えて使っているプログラムで、1996年よりサービスを開始しました。CJKと言って、中国語、日本語、韓国語の資料の為の総合目録を一つのプログラムで作り、なおかつ漢字表記もできるというものです。
　特徴は、日、中、韓3カ国語のコレクションのデータを1つの入力ソフトでデータベース上に入力できる点です。検索も、ローマ字、およびオリジナル言語のどちらを使っても行え、その画面スイッチも即時にできます。
　参加館は、現在のところこれは大学・それから公共図書館等も含めて全部で22館で、主な日・中・韓関係のコレクションを網羅しております。内訳としま

しては、国立図書館、15の大学図書館、その他6つの図書館となります。国内総合目録としては、カバー率はかなりしっかりしたものになっております。

　将来（数年後）には、オーストラリアの一般総合目録であるKinetica（もとABN / Australian Bibliographic Network）と1つになる予定です。

　利用者から見た問題点としては、総合目録というのでデータが入っているのは全部どこかの参加館が所蔵しているのかと見えるのですが、実はNDLやOCLCの書誌レコードをこちらが買って、それを毎月ダウンロードしている関係から、オーストラリアには全く所蔵がなく、したがって所蔵記録が付いていないものも数多く入っています。参照の書誌情報が多すぎて見にくく、利用者が混乱して、所蔵していないものを請求されることが多く、その点が今ソフトの運営上問題点になっております。将来は、古くて所蔵記録のない書誌レコードを定期的に一括消去するなどの維持作業が必要になるのではないかと思われます。

　また、日本語利用者から見れば、日本語のみのための入力ソフトでないので、通常の日本語ソフトに比べて入力が複雑で使いにくいことが問題点となっております。ただし全体的には、確実に動く、よく考えられた総合目録として、オーストラリアでしっかり定着してきているといえます。

（3）資料提供、ILL

　資料提供、インター・ライブラリー・ローンに関しての協力という面では、現在のところ、NLAが中心となってこのCJKの総合目録を使い、国内ではどこからでもお互いにインター・ライブラリー・ローンを行っております。利用者がCJK/Kinetica online 国内総合目録、または各OPACを使って検索し依頼を出すと、NLAは、国内のILLネットワーク参加館およびOCLCその他の海外図書館を通じて応じています。

　国内では、NLAは主に資料提供側で、ILLシステムの中心的存在です。資料提供課（Document Delivery Service）を通して3種類の速度別サービスを提

供しています。国内外両方からの資料請求に対応しています。海外からもかなりインター・ライブラリー・ローンの依頼が参ります。こちらからも OCLC などを通しまして、アメリカ等に本の貸し出し等をお願いすることもありますが、なにぶん距離が離れているのでコストがかかります。そんなにかかるのでは利用できないということになり、予算面でかなり制約があり難しい問題もあります。ILL の支払いは IFLA のバウチャーを使っておこなうことができます。

　アジアン・コレクションの日本語課では、科学技術系の雑誌のコピー依頼や、社会科学関連の図書の貸し出し依頼が多く、平均月 80 件あります。アジアンコレクションの中では、ほかの言語とくらべて日本語課に対する ILL 資料請求は多くなっています。なお、所要日数ですが、通常の速さのものでも依頼が届いてから、最高 3 日以内には、必ず発送されます。ファーストトラック・プラスという一番速いサービスは、受け取って 2 時間以内に発送されます。

（4）レファレンス
（5）資料保存
（6）研修

　資料保存や研修、レファレンスについてどういう協力体制があるか該当しない部分があります。協力関係があまりはっきりお話しできない部分については抜かします。

（7）情報交換

　次に情報交換についてどのような協力体制があるかご説明します。第 1 回のこの日本研究司書研修プログラムに参加した、メルボルンにありますモナシュ大学の坂口英子さんが、ここで得た経験を基にして、やはり国内で日本研究司書のネットワークを作りたいと考えられました。それで、オーストラリアにも日本関係の図書館がいくつかあるということを声を大にして外にもお知らせす

ると共に、国内でもお互いに情報交換等をしていこうと、すでにあった EALRGA（イアルガ、East Asian Library Resources Group of Australia）というグループの下に JALRGA（ジャルガ、The Japanese Library Resources Group of Australia）というグループを作りました。

　このグループの現在の活動は、1997 年のオーストラリア日本学会（JSAA）から始まったのですが、その学会の中で図書館司書によるランチ・タイム・トークというセッションを持ちました。ここで日本に関する司書たちが一緒になって、研究者との交流を深め、図書館のサービスについて知ってもらう試みを始めました。

　因みに、これに影響されて、中国語と韓国語の司書たちも同じようなセッションをそれぞれの学会のランチ・タイム・トーク等で持つようになっており、2000 年のオーストラリア・アジア学会では、日・中・韓・タイ共同のランチタイムセッションを期間中毎日行なう予定です。

　ニュースレターも、EALRGA のニュースレターのなかで、JALRGA のセクションを独立してもつようになりました。

　先程、野口さんがおっしゃった CEAL のアメリカの会合にもオーストラリアの司書が出ていきましたし、やっとほかの所の図書館に出ていくべきだと、この研修を機に司書が大変啓発されて変わってきていると思います。オーストラリア国内（およびニュージーランドのオークランド大学）の主要な日本語コレクションの司書たちは、この研修に参加してきたので、JALRGA 全体の意識が大変高まり、ネットワークの必要性、研修の必要性、協力の必要性に対する考えを共有でき、意識の高いグループに成長しつつあるように感じます。その意味で、オーストラリアの日本語コレクションに対するこの研修の影響は、非常に甚大でした。

韓国の国立中央図書館における日本資料について

李　在善
(韓国) 国立中央図書館 支援協力課

はじめに

　国立中央図書館は1945年10月15日の設立以降、韓国内で発行される文献を網羅的に収集し提供する役割を担当してきました。国の中央図書館として最も重要な機能は国内資料の納本による収集でありますが、納本以外にも購入、交換、寄贈を通じる収集を行っています。1999年末の総蔵書量は約345万冊で、前年比26万冊が増えました。そのうち、日本語で書いてある日本資料は202,000冊であり、全体蔵書の約6%を占めています。我が図書館に所蔵されている日本資料についての内容は次の通りです。

1. 収集
1.1 購入による収集

　日本資料は大部分購入によって収集しています。購入に関する業務は資料組織課で行っています。年間資料購入費は約1億5千万ウォン（韓国通貨）で、全体の資料購入費の約13%を占めています。購入は、司書1人、臨時職員1人が担当しています。業務の中、資料供給契約は庶務課の経理係で担当しています。

　我が図書館の選書基準は、韓国に関して海外で書かれた本ですが、日本資料もやはり、日本で出版された資料の中で韓国に関するものを中心にしています。資料選定のためのツールとしては、日本全国書誌、出版社の目録、図書流通セ

ンターの Web 上の販売目録、専門書店であるアジア文庫の販売目録、新聞の新刊案内、専門機関・研究所の出版目録を使っています。選書は館内職員 36 人、館内の各分野の専門家など 76 人で構成された外国資料選定委員会が行っています。選書から発注処理までの一連の過程は電算化されています。購入方法は、韓国国内の外国図書取扱店を通じて購入しています。年間資料購入量は図書約 3,000 冊、雑誌約 15 タイトルです。

1.2 交換による収集

国立中央図書館は、国立国会図書館をはじめ日本国内の 22 の図書館および機関との資料交換を行っています。この資料交換により、1999 年度は雑誌 410 タイトル、図書 924 冊を収集しました。特に、交換資料中、国立国会図書館との協力による自国で発行された相手国関係資料の交換は、正確な書誌事項に基づいて短期間に収集しますので、資料交換の成果は高く評価できます。

1.3 寄贈による収集

資料寄贈は計画による収集ではないのですが、時には重要な資料を獲得する場合もあります。我が図書館には、日本で出版された、韓国人と日本人、人権、文化交流史、日本の原爆被害に関する図書を受贈して文庫として運営されている、約 1,200 冊規模の、「広島青丘文庫」があります。日本の青丘文庫会員が資料を集めて送る方法で、文庫は続いて成長しています。昨年は 164 冊の資料を受贈しました。

2. 総合目録

国内の図書館に所蔵されている外国資料に関する目録として「外国図書綜合目録」と「外国学術雑誌綜合目録」の 2 種類が挙げられます。「外国図書綜合目録」とは国内に所蔵されている外国図書について、国立中央図書館が 1971 年から 1997 年まで毎年発刊した総合目録です。この目録は大学図書館を中心にして、契約を結んだ会員図書館が自館の目録を 1 枚ずつ国立中央図書館に提供したも

のを基礎にして編纂されたものです。しかし、1996年にいたって会員図書館のオンライン目録が完成されて、さらに韓国教育学術情報院（KERIS、当時は先端学術情報センター）で国内の大学図書館との綜合目録構想が具体化されて、外国図書綜合目録の刊行も実効性が弱くなって発刊が終わりました。

「外国学術雑誌綜合目録」とは、韓国内の外国雑誌に対して、韓国学術振興財団が人文・社会科学編を、産業技術情報院が科学技術編を発刊したものです。今はデータベースで構築されてオンライン検索ができます。なお、国立中央図書館は国家電子図書館事業の運営機関として、国会図書館、法院図書館、ソウル大学図書館、研究開発情報センター、産業技術情報院、韓国教育学術情報院等6図書館と共同で電子図書館を運営しています(http://www.dlibrary.go.kr)。また、我が図書館のホームページ上で国内の公共図書館143ヶ館の蔵書に関する綜合目録を提供していますが、そこには日本資料も含まれています(http://www.nl.go.kr)。

3. 資料提供・ILL

国内における相互貸借はあまり発展していないと思いますが、オンライン総合目録が構築されるにつれて、国内の相互貸借もだんだん活気を帯びるだろうと思います。国際的な資料提供については、我が図書館の資料貸借は原則的にできませんが、原文複写サービスは郵便やファックス、或いはメールによる申込みを受け付けます。原文複写サービスの場合、海外からの申込みに対して料金の支払いは、国際図書館連盟（IFLA）のバウチャーと国際郵便為替でできます*。

4. レファレンス

うちの図書館は日本資料でも、目録はKORMARC (韓国MARC)に基づいて、分類は「韓国十進分類表（KDC）」を使って整理しています。日本資料の整理は資料組織課で担当しております。1997年までに収集された日本資料に対しては目録の標目部分はヘボン式ローマ字に翻字していましたが、それ以降はハング

ル文字だけで取っています。端末機では韓国語とヘボン式ローマ字の両方で検索ができます。KORMARC によって整理された資料は週一回ずつ更新されており、去年末からは統合システムで変換された新しい OPAC システムである「KOLIS」を通じ、統合的な検索が可能になりました。

我が図書館のレファレンス業務は情報奉仕室の司書3人が行っています。日本資料についての問合わせは、1ヶ月につき平均80件ぐらいで、目録検索に関する質問が最も多いです。以前は、オンライン目録が作成されていない資料の目録を検索するとき、書名や著者名をローマ字で翻字したカード目録で検索しなければならなかったので、翻字についての、特にその中で人名の読み方に対しても質問が多いです。人名は非常に難しいです。最近、情報検索のためにはNACSIS WebCat などインターネットをよく使っていますが、うちの図書館で検索の時使える文字はローマ字だけで、漢字やカナが使えませんからヒット率は低くなります。

5. 保存

外国資料のうち韓国関係資料は準貴重本として、保存設備がある書庫に保存されています。資料消毒は年間 2‐3 回、館内全体にわたって実施していますし、特に、書庫に対しては、一層強化されたガス消毒を行っています。

媒体変換による保存としては、1945年以前に出版された資料のうち、韓国関係資料は1998年からマイクロ・フィルム製作作業を進行しています。デジタル化された資料のなかには、旧韓国官報及び朝鮮総督府官報164冊が含まれています。貴重本のうち日本語で書かれた本は41タイトルですがそれが全部画像で処理され、各各の本文データベースになりました。多分我が図書館の Web で検索ができると思います。

6. 研修

日本資料に関する専門家のための研修は行っていませんが、職員の日本語に関する素養を育てるための教育として館内に日本語講座を開設しています。今

日本語に関して非常に人気があるので、職員の中で日本語を勉強する人は約15人以上です。大体韓国の司書は日本語を読むことは大分できると思いますが、話すことは難しいです。その他、日本の国際交流基金で実施している海外司書日本語研修プログラムには、現在まで5人が参加しました。

海外から来る人のための研修はありません。ただ、1日で見学するとき、何が一番見たいかという希望を聞いて、その詳しい説明はしています。

7. 情報交換

情報交換に対しては、我が図書館は今まで国内資料に対して力を入れて仕事を行なったと思います。日本資料に関する情報交換と効果的なサービスのためには、日本資料を専門に担当する職員の配置が先決要件だと思います。また、国内にある日本資料の総合目録作成も必要だと思います。先程お話しした、二つの総合目録がオンラインになりましたが、日本資料だけの総合目録はまだありませんので、それが必要だと思います。

利用者の情報の要求も専門化され、地球化と世界化が速くなっています。だんだん多様化・専門化されていく利用者の情報ニーズに、積極的に対応するためにも今後、国内における日本資料の担当司書の間に会合やメーリングリストなどを運営して、世界的な日本研究司書のネットワークに連結されるように努力します。そのためには国立中央図書館が日本の資料を一番多く持っているので、役に立つ役割を担わなければならないと思います。

* 2000年6月に国際郵便為替による料金受け取りを中止し、その後はIFLAのバウチャーまたはドルの小切手による受け取りになった。

国内からの報告

国立大学図書館における国際協力

笹川郁夫
東京大学附属図書館総務課長
国立大学図書館協議会事務局

はじめに

　国立大学からの国際協力に関するご報告をしたいと思います。まず、国立大学図書館協議会というのがございまして、東京大学が事務局を預かっております。100校の組織になっています。今年に入りまして、更に全国の大学共同利用機関と言われている所、例えば民族学博物館であるとか、国際日本文化研究センターであるとか。そういった所もこの国立大学図書館協議会に加盟する予定で進めております。従いまして、加盟館がかなり増えて大きな組織になってくると思います。

国立大学図書館における国際ILL

　そんな中で国際協力活動というのは、大きく言いますと1969年の日米大学図書館会議に始まったような気がしております。その後NACSISができまして、NACSISのCAT、もしくはそのILLができあがったことで大きな変化がありました。NACSISとイギリスのBLDSCとの間の国際接続が始まりまして、国際的な借り受けも活発になってきました。当初、平成6年にBLDSCとのライ

ンが完成したわけですが、その当時BLDSCへの依頼は1,259件だったのが、平成10年には5倍以上の6,700件を超える伸びとなっているという状況です。

　一方、国立大学図書館の海外からの受け付けというのは、平成5年には9,700件ぐらいだったのが、平成9年の数字しかつかんでおりませんが、1万1千件とだんだん増えております。国立は非常に門を開くのが遅いのか、といわれたことがございましたが、海外の日本研究司書の方が幾度か東京大学にもお見えになりディスカッションした中で、やはり積極的なデリバリーの門を開いてほしいという要望もありました。そんな中で国立大学図書館協議会の中に国際情報アクセス特別委員会を設置しまして、国際展開を積極的にやっていこうと今動いております。

個別大学図書館の国際協力

　一方、協議会としてではなく各大学でもそれぞれ活動がありまして、その種の事業ではまずSEAMIC (シーミック、Southeast Asian Medical Information Center 財団法人日本国際医療団の東南アジア医療情報協力事業) があげられます。これは東南アジア5カ国への文献複写のサービスで、医学文献に特化しておりますけれども、文献提供サービスをやっています。

　また熊本大学の図書館では、ドイツのハイデルベルク大学に対する資料贈与を日本の国立大学として初めて行いました。国立は会計法に非常に面倒臭い制約がございますが、熊本の先例がそれをクリアしたということで、国立大学図書館協議会としても、今後、贈与を国際相互協力活動の一つとして進めていこうということを決議致しました。今後、そういったことがどんどん行われていくと思います。

CULCON情報アクセス・ワーキング・グループ

　更に今、協議会が事業として取り組んでおりますのは、CULCON (The

United States-Japan Conference on Cultural and Educational Interchange、ｶﾙｺﾝ）の中に情報アクセス・ワーキング・グループというのがございます。そこの中で提言がございまして、日米間の文献のデリバリーを改善しなさいという提言を受けました。

　この通称CULCONというのは、日本語では「日米文化教育交流会議」という２国間会議で、日本側は国際交流基金の日米センター、米国側は日米友好基金が事務局になっておりますが、この中に、私もメンバーであった情報アクセスに関するワーキング・グループができました。そこで、文献供給、ドキュメント・デリバリー・サービスの改善を行ってくれという提言がなされまして、それを文部省が受けまして、文部省から国立大学図書館協議会にアクセスの改善を図ってほしいという要請がございました。

国立大学図書館協議会国際情報アクセス特別委員会

　早速、国立大学図書館協議会国際情報アクセス特別委員会では、昨年の２月、ラウンドテーブルを開催致しました。これも国際交流基金日米センターのお世話になりましたが、米側から７人の参加をいただきまして、五つの総括セッションを設定致しまして、デリバリーの現状と課題について検討を行いました。
　その会議でアクションプランが生まれました。テーブルで議論しているだけでは駄目じゃないかということになりまして、ドキュメント・デリバリー・サービスの試行実験をやろうという決議がされました。これは日米双方、参加館の連絡担当者を置いて、連絡調整に当たろうということが決まりまして、日本側としては東京大学の私が代表になる。米側は当時でございまして、今もそうでございますが、ARLのメアリー・ジャクソンさんが代表になるということになりました。それぞれこの実験に関することについては、ホームページに載せていこうということになりました。細かいことがいろいろ決まりまして、日米間のドキュメント・デリバリーに関しましては、実は長年の懸案でもございましたので、EPICWINという日本側のスキャナと、それから欧米で使われてお

ります Ariel というシステムとの互換を取るソフトウエアを開発致しておりました。これをもってこのラウンドテーブルの席上で実験を行い見ていただきまして、皆さんに拍手をいただきました。

　このシステムを使って実証実験をやろうということで、それを今現在進めております。当初7月という予定でしたが、いろいろ連絡調整に手間取りまして、去年10月の半ば過ぎには、シアトルのワシントン大学のハリソン氏から「何とか早くやってほしい。」と要請され、それではやりましょうということで始まりました。文献を電子画像で送信する、というのが提供の方法ですが、技術的には問題なく画像転送できております。一番初めに『スバル』という雑誌をワシントン大学から転送してきまして、そこで私考えまして、日本からは日本の雑誌の『太陽』を送りました。そんなユーモアを交えながら実験を進めております。

　今現在の中間報告を致しますと、アメリカ側の資料にありますように（配布資料の後ろのほうに付いていると思います。「AAU／ARL」のホームページから出したものです。）、アメリカ側のスタッフはこの資料の通りです。フォーマット等もすべて全部決めまして、日本側は北海道大学・東京大学・千葉大学・京都大学・東京工業大学、そのほか NACSIS と慶應大学がこの実験に参加しており、7機関でございます。

　文献そのものは順調に来ているのですが、件数はあまり多くありません。依頼と受け付け、双方見ましても、今現在約40件あまりをお互いにやり取りしているという状況です。

　困った点が若干出ております。日本側から見ますと、米国側の個々の OPAC の検索の煩瑣という点が少しある。それから、テストをするということの意思統一が伝わっていないのではなかろうかということで、再度、メアリー・ジャクソン氏にお願いをして徹底していただいているという状況です。マシン自体のことに関しては、大きなトラブルもなく行っておりますので、今後は、日本側の EPICWIN から米側の Ariel に対して問題なく送れるということになります。

今後の課題

　今後の問題としましては、NACSIS が ISO のプロトコルの開発にすでに着手しているということで、私もプロジェクトのメンバーに入っておりますが、こういうふうになってきますと、恐らく OCLC あるいは RLG などとのシステム間リンクというのが今後の方向、あるいは課題になってくるのかなと思いますし、今回の研修の日本語資料の協力体制という中でも、資料費が必ずしも潤沢ではないということが再三言われておりますが、そういうことになりますと、何といっても、ドキュメント・デリバリーのサービスというのはきちっと対応していかなくてはならないだろうと考えます。

　国際的な学術情報の交流というのはますます考えていかなくてはならない、と言いながら、日本側には国立として大きな課題がございます。料金決済の問題です。今現在、外国から受けた場合はインボイスにより国費でお金を支払うことは可能ですが、逆に外国からサービスを要請された場合に日本の国立機関としては納入告知書というものを発行して、日本銀行の代理店に振り込んでもらわなくてはならない。これが厄介なことでして、世界各国に日銀の代理店があるわけではございません。これを処理する決済機構を作る必要があるということは、国立 7 大学の事務局長会議の中でも文部省に対して、規制緩和事項として取り上げて要請はしております。さまざまな要望を文部省に対して、文部大臣にも出しておりまして、この解決は今後の課題だろうと思います。

　とりあえずは、今日お集まりの海外の日本語ライブラリーの皆さんについては、国立に文献依頼する場合はいつでも言ってください。ただし、当面は多分ギフトでやるだろうと思います。しかしながら、5 月以降は多分国際返信切手を利用して、切手の中で 1 枚が多分 150 円ぐらいだったでしょうか、そうすると 150 円でペーパー 2 枚とかということでやり取りが実質運用でできるのではないかと、実はプランニングを立てております。これも春には具体的なプランが出せると思います。しかしながら、ほとんどの大学はこれまで習慣的にギフ

トでやってきていますので、どうぞ遠慮なくお申し込みいただければと思います。
　また、NACSISのILLに参加いただければ国立としてはいつでもメッセージは受けることができるということになっております。これから国立大学図書館の国際的な動きに際しては、新たなドキュメント・デリバリー・サービスの改善が重要なポイントと考えておりますので、どうぞよろしくお願いしたいと思います。以上でございます。

私立大学図書館協会の国際協力

加藤好郎

慶應義塾大学三田メディアセンター事務次長

私立大学図書館協会国際図書館協力委員会委員長

1 国際協力に関する活動報告
①カルチャージャパンの支援による「海外寄贈資料搬送事業」

　活動報告をさせていただきます。私立大学図書館協会の国際協力ということで、まず1番として国際協力に関する活動報告を致します。カルチャージャパンという会社がありますが、そこのメセナ活動として、私立大学図書館協会に支援をしていただいております。事業の内容ですが各私立大学で重複、デュプリケートした本を外国の図書館に贈っていこうという趣旨です。ただいろんな縛りがあります。例えば慶應大学が重複本を贈る場合に相手先を決めなければいけないという問題があります。それから、カルチャージャパンのメセナ活動ですが、年間100万までという縛りがございまして、その枠の中で1995年から事業展開をしております。

　次のページ（後掲）に国際協力を具体的な数字で示している報告の表がございます。第1回目が1995年の3月に行っています。贈ったほうが早稲田大学、成蹊大学、日本ルーテル神学大学、立教大学、大阪経済大学ですが、寄贈先、贈り先がUCLA、リヨン第3大学以下並んでおります。その1回目で12,618冊、83万円がかかってしまいました。2回目はかなり評判が良くて、早稲田大学も申し込みましたが、5,482冊を贈っています。計77万2千円かかっていますので、

これでこの年150万円ということになりました。カルチャージャパンとしては、50万円オーバーしてしまったという経過がございます。

　96年に移りまして、いよいよこれは贈ろうということで私立大学は一生懸命頑張りました。慶應などもシカゴ、ハワイ、ピッツバーグ、メリーランドの4大学に贈っています。大手の所ですと、武蔵大学と国学院大学が1,000冊以上贈っています。3回目は合計7,334冊贈っております。この時1回だけで183万円かかっています。次の表に参ります。第4回目は同じ96年ということですが、既に183万円かかっているところに、愛知大学がまた2,343冊贈っております。これで203万円ぐらいになってしまったわけです。

　第5回と第6回ですが、カルチャージャパンと私立大学図書館協会の約束事の中で、3年間6回にわたってまずやってみるということでこの97年が最後の年になりました。ここも5回目が1,892冊、6回目が2,972冊と贈っています。58万と35万かかったので合計93万円と何とか100万円以内に収めたのですが、そろそろカルチャージャパンが降りたいと言ってきました。全部で300万円でなければいけないところをすでに相当超えています。そこで、引き続いてあと2年面倒を見てくれということでお願いにお願いをして、できることになりました。第7回が慶應も含まれていますが3,875冊、8回が693冊ということです。この2回で合計を94万円に抑えたということになっています。

　99年の10月と2000年の8月ですが、あと2回カルチャージャパンの支援のかたちで行う予定になっています。今の実績ですと、寄贈校数は延べで25大学、冊数も3万7,200冊を贈っております。費用が554万8千円、相手先が32大学ということで、国際協力の具体的な数字がそこに表れていると思います。

2　私立大学図書館協会「国際図書館協力委員会」の事業計画
①海外寄贈資料搬送事業の継続と改善
・事業内容・方法の改善

　次に今後のことについてお話します。私立大学の図書館協会として、ようやく国際図書館協力委員会が立ち上がりましたので、そこでどういう活動をして

いこうか考えております。先程申しましたように海外資料の搬送事業は今年の8月でおしまいです。カルチャージャパンは、「もう、私立大学図書館協会が自立をしてくれ」という言い方をしています。そこで、国際図書館協力委員会の中で事業内容の検討と方法の改善を考えています。

　先程言いましたように、一つは100万円の枠という問題、1大学が贈る場合に相手大学を探さないといけないという問題があります。規模の大きい所ですと、そういうことが簡単にできますが、401校加盟している私立大学の中には規模の大小がたくさんあります。なかなか自力では探せないという大学がございますので、何とかあげたい資料をホームページに上げて、もらいたい大学がホームページに上がってくる、その仲人役を委員会がやろうと考えています。

・「国際図書館協力基金」の設置

　ただ言うのは簡単でお金がありませんので、その下に書きましたが国際図書館協力基金を集めようと考えています。私大図書館協会の中で一応承認されました。これから、本屋さん・運送業者さんを中心に頭を下げて歩こうと思っております。最低年間100万集めれば、今までの事業が継続できるわけですが、個人的には300万ぐらい集めたいと思っています。あとの200万はどうするかというと、次に②、③、④とありますが、ここの事業展開に使っていきたいと思っています。

②グローバルなリソースシェアリング

・複写物の提供から図書の相互貸借へ

　2番目はグローバルなリソースシェアリングということです。今、アメリカは特にですが、とりあえず買っておこうという時代から、今提供するという時代に移っています。つまり、ミューチャルベネフィットから迅速なサービスの提供ということになっています。そこでぜひ私大が中心になって図書を外へ貸し出すということをしていきたいと思います。早・慶は割と規模が大きいので、慶應としては来年度の6月から図書を、実物を外に貸し出すという事業展開を考えております。最終的には私大のレベルでやっていきたいというのがこの2番目です。

③人的交流の窓口
・国際的に通用する図書館員の養成・育成

　3番目は人的交流の窓口です。これも、やはり資料搬送と同じように、大規模な大学で独自にエクスチェンジプログラムを持っている所は問題ないのですが、そういうプログラムを持っていない大学もあります。まだまだ日本の図書館員は専門性が低く思われている集団ですので、その辺りのコンセプトも考えて大いに国際交流をしていきたいと思っております。

④国際会議・シンポジウムの開催
・館種・団体等を超えた横断的な開催

　最後の4番目ですが、国際会議あるいはシンポジウムの開催を考えています。これも国際とはいったい何なのか、まず国際協力のコンセプトを確立していきたいということで、海外の方を招いてシンポジウムをやりたいと思っています。ただ、私立大学図書館協会単独ではなかなか難しいので今、まとまりつつある企画は、例えば私大協のほうで企画したものを国公私立大学図書館協力委員会で実現するということも考慮したものです。

　以上の四つの大きな柱を建てて動いていこうと思いますが、いろいろ思いがけない問題もあります。慶應独自の話で申し訳ないのですが、カリフォルニア大学のサンディエゴ校とライブラリアンのエクスチェンジプログラムを結んでいます。去年はカリフォルニア大学からいらしたわけですが、そこで一つ問題が起こっていました。慶應側からは順番に送っているのですが、UCSDからは1人送ってきて次を送ってこないのです。これは、国際交流は言うのは簡単ですが、やはりニーズの差が出てきているということの現れだと思っています。つまり、アメリカ側から日本に送るライブラリアンはもういない、ということがひとつあるのです。この辺は、日本側が冷静に見ていかないといけないと思っています。そこで、図書館員という縛りではなく、日本研究者という縛りに少し拡大して交渉を進めていきたいと思っております。

　どうもありがとうございました。

海外寄贈資料搬送報告

第1回(1995年3月)

寄贈校	寄贈先	冊数	費用
早稲田大学	UCLA	887冊	11万6千円
成蹊大学	リヨン第3大学	32冊	16万円
日本ルーテル神学大学	タイ・ルーテル神学大学	798冊	10万円
立教大学	神戸国際大学	957冊	6万1千円
大阪経済大学	北京経済学院大学	9,944冊	40万円
	合計	12,618冊	83万7千円

第2回(1995年9月)

寄贈校	寄贈先	冊数	費用
星薬科大学	北京医科大学	1,570冊	31万円
立教大学	St. Michaels Theological College (韓国)	2,930冊	31万円
早稲田大学	上海復旦大学	973冊	15万2千円
	合計	5,473冊	77万2千円

第3回(1996年4月)

寄贈校	寄贈先	冊数	費用

寄贈校	寄贈先	冊数	費用
武蔵大学	リヨン大学	169 冊	8万6千円
	吉林大学（中国）	496 冊	23万5千円
	Hanshin 大学（韓国）	1,612 冊	16万9千円
慶應義塾大学	シカゴ大学	121 冊	11万6千円
	ハワイ大学	203 冊	12万2千円
	ピッツバーグ大学	2,106 冊	20万6千円
	メリーランド大学	583 冊	22万1千円
国学院大学	青島市図書館（中国）	1,177 冊	15万3千円
明治大学	韓国大学	60 冊	14万9千円
	中国人民大学	135 冊	8万円
	Sheffield 大学	90 冊	11万1千円
神戸学院大学	上海医科大学	582 冊	18万7千円
	合計	7,334 冊	183万5千円

第4回(1996年9月)

寄贈校	寄贈先	冊数	費用
愛知大学	東北師範大学（中国）	2,343 冊	22万円
	合計	2,343 冊	22万円

第5回(1997年4月)

寄贈校	寄贈先	冊数	費用
成蹊大学	リヨン第3大学	68冊	7万6千円
日本大学	北京大学	801冊	22万円
武蔵大学	リヨン大学	200冊	11万1千円
立教大学	Bodleian Japanese Library	823冊	18万円
	合計	1,892冊	58万7千円

第6回(1997年9月)

寄贈校	寄贈先	冊数	費用
中央大学	Wuerzburg大学	333冊	13万円
大阪経済大学	北京経済学院大学	2,639冊	22万円
	合計	2,972冊	35万円

第7回(1998年4月)

寄贈校	寄贈先	冊数	費用
中央大学	Wuerzburg大学	3,125冊	19万2千円
慶應義塾大学	UCサンディエゴ	750冊	18万円
	合計	3,875冊	37万2千円

第8回(1998年9月)

寄贈校	寄贈先	冊数	費用
大阪国際大学	ウランバートル大学	288冊	36万円
神戸女学院大学	UCLA	55冊	7万5千円
日本大学	オックスフォード大学	350冊	14万円
	合計	693冊	57万5千円

第1回~第8回合計

寄贈校数(延べ)	寄贈先数(延べ)	冊数	費用
25大学	32大学・機関	37,200冊	554万8千円

学術情報センターの海外日本資料に関する協力

京藤　貫
学術情報センター事業部目録情報課長

はじめに

　「学術情報センターの海外日本資料に関する協力」、それを含めた国際協力について簡単に報告させていただきます。学術情報センター、NACSIS（ナクシス）と省略させていただきますが、このNACSISは学術情報の国際流通の促進に貢献するということを目的の一つとしております。このことは設立の趣旨にもうたわれております。最近、NACSISが日本の学術情報を提供する代表的なデータベース機関、書誌ユーティリティの一つであるということが海外にも知られるにつれまして、NACSISに対する海外からの学術情報提供及びサービス拡充の期待や要望も増えてきております。NACSISでは、それらに対応するため、米国、英国、タイ王国への国際専用回線の設置等により、学術情報ネットワークの国際的な整備・拡充を推進するとともに、目録所在情報サービス及び情報検索サービスを、広く海外の研究者、研究機関等に提供する事業の国際展開を行っています。

1．国際ネットワーク

　国際ネットワークは、国内における学術情報基盤である学術情報ネットワー

クの海外への通信路として、学術情報の国際流通促進を目的として設置されています。これは NACSIS のサービスを提供する基盤となるもので、現在、米国、英国、タイに専用回線を敷いております。

　1995 年 7 月に日米間の回線速度を 6Mbps に増強しました。また、1995 年 9 月に日本とタイ王国間に 2Mbps の回線、1996 年 11 月に日英(欧州)間に 2Mbps の回線を新設しました。1997 年度は日米間の通信量の増加による回線の飽和状態を緩和するために、日米回線を 1997 年 10 月に 45Mbps に増強した。また、1998 年 10 月には 150Mbps に増強しております。これからは順次回線ソフトの増強を図っていく予定にしております。なにぶんにもネットワークを敷くというのは予算が要りますので、できれば予算が許せばほかの国へも拡大していきたいと考えております。

2．情報検索サービス (NACSIS‐IR)

　情報検索サービス、NACSIS‐IR (ナクシス・アイアール) と申しておりますけれども、これにつきましては、現在国内的には全部で 59 種類のデーターベースサービスを行っておりますが、そのうち海外に対しては著作権等の制約がありますので、そういった制約のあるものを除きまして、NACSIS が企画・作成したデータベースや他の機関・研究者等が作成したデータベースの中から、海外機関へ提供可能なものの有償サービスを、1993 年 8 月から大学及び学術研究機関に対して行っております。1999 年 9 月末現在で、46 種のデータベースを提供し、7 カ国 19 機関が利用しております。2000 年 1 月からは、ブラウザを利用した WWW 検索や全文検索が可能な新情報検索サービス (WEB－FRONT) を提供しております。

　この NACSIS‐IR につきましては、実は従来のシステムというのはあまり使いよくなかったのか、利用的には伸び悩んでおりましたが、今年の1月からはインターネットを利用して、ブラウザで検索できるといった新しいシステムに致しましたので、これから利用が伸びるのではないかと期待しております。ぜ

ひ利用していただきたいと思っております。

3．目録所在情報サービス（NACSIS‐CAT）

　目録所在情報サービス、NACSIS‐CAT（ナクシス・キャット）でございますけれども、現在データ的には約4千万件の図書の所蔵を有しております。これにつきましては本来が日本国内の主に大学図書館を対象として、所蔵資料の目録情報をデータベース化し、広く国内外に提供することにより学術情報の流通を促進することを主な目的とする、全国総合目録という位置付けでありましたけれども、近年海外の機関にも参加していただくことによりまして、海外の日本語資料の組織化にも役立てられております。

　1999年12月末現在で、先程トッドさんがおっしゃいましたが、イギリスを中心に15機関が参加していただきまして、約16万件の日本関係資料の所蔵登録を行っていただいております。

　最初に海外からの参加をいただいたのは、英国図書館が始まりでございまして、1991年3月に、英国内の日本語資料の総合目録を作成することを目的に、まず、英国プロジェクトが開始され、いろいろと技術的なご支援などいたしまして、現在に至っております。このプロジェクトはその後も順調に推移し、1999年12月末現在の参加機関は、英国図書館を含め、8機関（オックスフォード大学、ケンブリッジ大学、シェフィールド大学、スターリング大学、ロンドン大学、国際交流基金ロンドン日本語センター、大英博物館日本美術部門）に増え、所蔵登録件数は、131,000件を超えています。

　その後、タイ・オンラインプロジェクトにより1997年度に国際交流基金バンコック日本文化センター、中国との学術情報交流プロジェクトにより1998年度に北京日本学研究センターが参加しました。そのほか、ストックホルム大学、チューリッヒ大学、ハイデルベルク大学、デュースブルク大学及びルーバン・カトリック大学が試行利用という形でNACSIS‐CATにデータを登録していただいているという状況であります。

4．図書館間相互貸借サービス（NACSIS‐ILL）

次に NACSIS‐ILL（ナクシス・アイエルエル）について簡単に報告させていただきます。これは 図書館間の文献複写・現物貸借を支援するために、NACSIS‐CAT で蓄積された目録データを利用して ILL のためのメッセージ交換をオンライン上で行うというシステムです。このシステムでも海外の機関との連携を行っております。海外から日本国内の申し込みと、海外への申し込みと2通りがあります。

まず、海外への申し込みですが、1994年4月から、英国図書館原報提供センター（BLDSC）の運用する相互貸借システム（ARTTel）と接続し、国内参加機関から BLDSC への文献複写及び現物貸借の申し込みを NACSIS‐ILL を通じて行なうという仕組みを開始しました。1999年8月末までの利用累計は、複写 21,876 件、貸借 1,345 件（合計 23,221 件）です。

海外からの申し込みについては、1994年4月から、NACSIS‐ILL 試行利用ということでケンブリッジ大学及びオックスフォード大学からテスト的に接続していただきまして、文献複写と相互貸借の申し込みをしていただいている、そういう状況でございます。1997年1月からタイの機関からの文献複写依頼試行利用を実施しております。利用件数はイギリスからのものは大体年間200〜300件。タイからが年間50件程度ということで数的にはこれが多いのかどうなのかなというところでございます。

1999年度には日米両国間の学術情報流通を促進するため、米国で ILL システムを提供している OCLC 及び RLG との間で、ILL システム間の相互接続を実現するよう、「日米両国におけるドキュメント・デリバリーサービスの改善に関するプロジェクト」を NACSIS 内に設置し、検討を開始しております。

5．アジア関係プロジェクト

今後、国際的な学術情報流通を一層促進するためには、今やっている程度では全然いけませんで、例えば先程笹川課長がおっしゃいましたように、もっと大規模な連携が必要になるわけです。例えば、書誌ユーティリティ間同士の接続という必要が出てきますので、当面米国のOCLC、RLGとの相互接続、そういったことを前提として、現在主に技術的な事項を検討するためのプロジェクトをNACSISの中に設置しまして、国立大学図書館協議会さんにも協力していただいて、検討を行っているところです。

　NACSISでは海外から最初に参加していただく場合は、まずプロジェクトを組みまして、国際交流基金さんに資金的な援助をいただいて支援活動を行うという手法を取っておりまして、現在行っておりますプロジェクトというのは以下の二つです。

(1)タイ王国
　タイにおける情報検索サービス及び目録所在情報サービスの普及を目的として、1996年度から「タイ・オンライン・プロジェクト」を実施しています。1999年度は、タイのチュラロンコーン大学、タマサート大学及びカセサート大学において情報検索サービスの試行利用を継続しました。
　また、WWWのホームページ上で公開しているタイ関連情報の充実を図りました。

(2)中国との学術情報交流プロジェクト
　1998年度から、日本と中国との学術情報流通の促進を図ることを目的とした「中国との学術情報交流プロジェクト」を開始し、3年間の計画で、北京日本学研究センター図書資料館の情報化支援を実施しています。2年次の1999年度は、センター職員が現地へ赴き「目録システム利用講習会」等を実施し、北京日本学研究センター図書資料館の情報化充実を目的とした具体的支援を行いました。

6．国際研修事業

最後に海外で日本資料を扱う図書館員の方々に、研修をするといった国際研修事業ということをやっておりまして、これも国際交流基金さん、ほかの関連機関と協力して行っております。一つは今回の日本研究司書研修プログラムへの協力ということで、これは毎年2日間NACSISに来ていただいて、いろいろ研修していただくということをやっております。そのほか、北京日本学研究センターへの研修とか、NCCさんとの協力で米国日本研究図書館員研修、そういったことをやっております。

（1）北京日本学研究センター図書資料館員研修
　北京日本学研究センター図書資料館の情報化支援のために設置された「中国との学術情報交流プロジェクト」の一環として、1999年1月25日～2月5日に2名の研修生を迎え、研修を実施しました。
（2）日本研究司書研修プログラム
　国際交流基金および国立国会図書館等の共催により、海外の大学図書館等で日本関係図書を扱う図書館員を招聘し、「日本研究司書研修プログラム」が実施されています。この研修の一環として、毎年、2日間、NACSISの各種サービスの概要説明、操作実習及び海外からの利用方法に関する説明等を実施しています。
（3）米国日本研究図書館員研修
　全米日本研究資料調整委員会（NCC）からの依頼により、米国の図書館員5名に、本センターの事業及びサービスに関する最新の知識等を習得させるための研修を、1997年7月28日から8月5日の日程で実施しました。以後も、研修終了者が米国内で開催するワークショップ等に際し、支援を行っています。

7．今後の課題

最後に課題ですが、まだ現在ではサービスの試行利用という側面がかなり強いところがありまして、試行利用から正式運用の段階に拡大していかなくてければいけない。それから、いろいろなサービスの海外への提供のほかに相互利用の可能性を拡大していく必要があるだろうと、それが課題であると考えております。以上です。

機関名略称

 NACSIS（ナクシス）: National Center for Science Information Systems
 BLDSC: British Library Document Supply Center
 OCLC: Online Computer Library Center
 RLG: Research Libraries Group
 NCC: National Coordinating Committee on Japanese Library Resources

国立国会図書館における海外への文献提供サービス
―関西館（仮称）開館に向けて―

門　彬

国立国会図書館図書館協力部国際協力課長

1．はじめに

　ワークショップのテーマが「海外における日本資料提供の協力体制」ということで、私ども国立国会図書館（NDL）のこの分野の活動の一端を簡単にご紹介いたします。NDLはこれまで制度的あるいは組織的に海外に対する文献提供サービスを行ってきました。これに対する評価は、特に最近ボーダレスとかインターネットの時代で、遅い、料金が高い等々、いろいろご批判があることはよく承知しております。2002年に関西館を開館しますが、本日はこの表題に掲げましたように、現状というより、NDLが関西館に向けて国際的な文献提供サービスをどういうふうに考えているか、そこに焦点を絞ってお話ししたいと思っております。

　言い訳がましいですけれども、最終決定されたことではありませんので、大雑把にこういう方向で考えているということをお話します。細かいところではまだまだ検討の余地がありますので、これからお話することは大体こういう方向になるだろうというようなことで聞いてくださされば幸いです。

　今年5月には「国際子ども図書館」が上野に開館することになっております。2年後の関西館とあわせ合計三つの図書館をどうやって効率的に運営していくか。それからこの電子図書館時代にふさわしいサービスをどう展開していくかということで、現在当館ではいろいろ検討しているところです。これまでのサービスの見直し、業務態勢、それから機械的なことを含めたシステムの構築、

さらには組織そのものの全面的な見直しを行っている最中です。文献提供サービス（Document Supply Service、DSS）についても、ここ1、2年、どういうサービスがふさわしいか考えておりまして、結論までには至っていませんが、先がある程度見えてきたというところを紹介します。

2．基本方針
（1）非来館型リモートサービスの促進
　まず、基本方針ですが、1番目として、館内のわれわれのローカルな用語で、聞き慣れない言葉でありますが、「非来館型リモートサービスの促進」があげられます。つまり、利用者が国会図書館や関西館の近くに居住していなくても、日本国内あるいは外国、どこにいてもある程度同じようなサービスが受けられるような体制を作ろうではないかということを一つの方針として掲げております。これが、リモートサービスという、日本語でどう言えばいいのか、遠くからでも国会図書館の資料を利用することができるようにしたい、ということです。

（2）国際的な情報の共有の推進
　（1）をもう少し国際的に広げまして、関西館を文献提供サービスの拠点というか窓口として、国内向けのサービスと国際サービスの業務体制を一本化し、内外の利用者に対してはでき得る限り同じサービスを提供することを目指す。そういうことによりまして、日本情報を国際的にも共有する方向で、文献提供サービスを進めようではないかというのが2番目です。（1）と（2）はそんなに大きく変わりはないと思います。これらのことを目指し、実現するために昨今の電子的な環境にふさわしい対応を考えていこうではないかというのが次の3番目です。

（3）電子的環境への対応
・東京、関西に分散する蔵書への対応
　ご存知かと思いますが、日本の納本制度ではNDLに一部しか資料は入りません。必然的に東京、関西、あるいは子ども図書館も加えてもいいですが、資

料が分散されることになります。これに対してどういうふうに対応するか、例えば、資料が今どこにあるのか、どういう状況にあるのか、貸し出し中であるのか、あるいは製本中であるのか、使えるのか、こういうことについて東京にいても関西にいても、職員も利用者も、把握できるような体制をつくるという方向で実施計画を立てています。

- ホームページ上での当館作成書誌データベースの提供（Web-OPAC）（注）

次にホームページ上での書誌データベースの公開です。これは最後の（注）で書いていますのであとでご説明します。要は日本国内あるいは世界のどこからでも、当館で作成する書誌データベースが見られるようにしたい、ということです。

- システム化による利用の簡便化、迅速化、電子的申込方式の導入等

次に、すべてというわけではないのですが、インターネット上から、文献の申し込みをできるようなシステムを考えております。日本中あるいは世界中が相手ですので、一挙にだれにでもというわけにはいかないのですが、当面は国内や外国の図書館に、国会図書館に登録していただいて、こちらがＩＤの付与をした図書館については、書誌情報とメールオーダーをリンクさせたシステムを今考えている最中です。

3．リモート複写サービス

- 図書館経由のサービス向上の促進

当面は、今申しましたように図書館を経由して申し込んでいただくと、OPACで検索した書誌情報とIDとをリンクしまして、必要な資料を翌日か翌々日にでも発送できる特急のサービスを目指しています。また、関西で受けても東京に資料があればすぐメールで転送して東京から発送する、というように、とにかく内外の図書館からの依頼に対しては迅速化・簡便化を図るということです。

現在、雑誌記事索引の採録対象誌は7千タイトルぐらいですが、これを関西館開館時には1万タイトルに増やそうとしています。1万タイトルあれば、か

なりの資料の要求に応えられるのではないかという統計的なデータも出ております。

　従来、郵便などで申し込んだものも受け付けるのは言うまでもありません。ただ、これまでの方法ですと、いろいろ資料を探したり、資料の同定とか論文の同定とかに時間がかかりますが、それでも3日ないし5日以内に発送できるような体制にもっていこうと考えています。

4．図書館間貸出サービス
・資料貸出におけるラストリゾートとしてのNDLの役割
　次に図書館間の貸し出しですが、これまでも日本で出版されたものに関しては、NDLが最後のよりどころということで、一部しかないものですけれども国内の機関、外国の学術機関等、大学等にお貸ししております（個人には貸していません）。これからもラストリゾートとしての国会図書館の役割はこれまで通りの認識でもって発展させていきたい、と考えています。

・各図書館の利用者サービス活動の支援
　ラストリゾートという言葉に関して言えば、複写サービスというのはどちらかというと、まず国会図書館に頼んでみようというファーストリゾートという傾向があります。内外の図書館が利用者から要求のあった資料を所蔵していない場合は、NDLが各図書館をサポートしていきます。利用者サービス、これは内外問わず、それぞれの図書館の貸し出し、あるいはサービス活動を支援していきますということです。

・他のネットワーク等との連携による図書館相互貸借の促進
　それから、大学図書館あるいは学術情報センターとか、今、笹川さん、京藤さんが述べられましたように、これからは国内のいろいろな機関とも連携し、協力体制をつくって、国際的な相互貸借を促進していきたいと考えています。
　貸し出しに関しましては、一つしかないものを外国にまで貸し出しています。ほとんどの外国機関は必ず期限内にきちんと返してくださるのですが、やはり

若干事故もあります。したがってわれわれの館内には異論もあることはありますけれども、マイナス面よりも、日本の情報を海外に対して積極的に紹介していくというプラス面を堅持していきたいと考えています。

5．計画実施のための課題
・電子図書館基盤システム提供系サブシステムの開発

　これらのことを達成していくための課題というのはいくつもあるのですけれども、代表的なものを今ここに掲げてあります。こういうことを達成するためのシステムの開発を今行っています。これがうまくいくかどうか、うまくいくように望みたいと思っています。

・DSS用の和雑誌複本構築

　それから、文献提供用の雑誌1万タイトルの複本構築も大きな課題です。1万タイトルになりますと何億円にもなりますので、こういう予算的な措置、今後開館までにある程度こういう方面も取り組みたい、現に取り組んでいますけれども、更にやりたいということです。

・海外との料金決済法

　3番目、笹川さんがおっしゃいましたように国の機関としての海外との料金決済の問題。これは今のところ全く目途が立っていません。われわれもここ2、3年笹川さんとか加藤さんたちといろいろ話し合って、何とか国際DSSの料金決済について打開点を見いだそうとしているんですけれども、まだ霧の中で、ここは最大の問題だと思います。IFLAのバウチャー、韓国の国立中央図書館はそういうものを使ってらっしゃる。国際郵便為替も使っておられると聞いております。しかし、われわれ国の機関ではいろいろな法律の制約がありまして、これを何とか突破しなければいけないという大きな課題があります。

　最後の（注）は、これからNDLが考えているというか、予定しているデータベースの公開です。ここでは今年の5月と書いていますが、4月か、とにかく遅くとも5月までには、1948年以降に日本で刊行された和図書のデータベ

ース、それから洋図書のデータベース化しているのが1986年以降ですが、これらをWebで公開することが決まっております。

　関西館開館後には、和・洋図書の明治から以降、洋図書も今、古いものの遡及入力を進めていますが、これらも関西館開館時には公開できる予定です。それから雑誌記事索引も先程1万タイトルになると言いましたが、関西館開館時には公開できる見込みです。その他、和・洋の逐次刊行物目録ほか、博士論文とかいろいろありますが、できるだけすべてのデータベース、公開できるものをできるだけ多くして、関西館開館の時には全部Webで見られるような体制を作りたいと考えております。

　以上、時間を超過致しましたけれども、NDLからの報告とさせていただきます。

(注)　NDLのWeb-OPAC公開計画

① 2000年5月
- 和図書データベース（1948～）
- 洋図書データベース（1986～）

② 2002年（関西館開館時）
- 和・洋図書データベースのすべて
- 雑誌記事索引（採録誌10,000タイトル）
- 国内逐次刊行物目録及び外国逐次刊行物目録
- その他

質 疑 応 答

質 疑 応 答

発表者から補足

小出 では、ワークショップの後半を始めます。最初に、発言者の方の中でさっき言い足りなかったから、ちょっとこの点を補足しておきたいということはありますでしょうか。

はい、松江さんお願いします。

松江 二つほど付け加えさせてください。発表の資料に関しては一つだけ申し上げますと、レジュメの1番下から2番目です。相互協力の窓口的役割というのを今後 EAJRS が果たしていけるのではないかということを、実はこのワークショップの打ち合わせの段階で小出さんから示唆していただきました。確かにそれはもっともかもしれないということで、早速、議長のほうに戻しまして、次回の会議に反映できるところからしたいと思います。

ホームページを皆さんご覧になってお分かりだと思うのですけれど、前回の会議の直前にアップデートして以来、アップデートしておりません。レジュメの下に人的資源の確保とも書いてもおりますが、私が事務局もやりつつ Web マスターもやっておりまして、ただ時間が全く足りませんでアップデートができませんでした。申し訳ないです。ただ、かたちはできましたので、もう少し魅力あるサイトを作るべく頑張りますけれども、私にできることにも限りがございますので、人的資源を確保しつつ、相互協力の窓口的役割も果たしつつということでやっていきたいと思いますのでご支援、サゼスチョン等お願い致します。

それからもう1点ですけれども、会議のプログラムをご覧いただいたら分かっていただけるかと思うのですが、例年、1日はスペシャルワークショップということでテーマを決めてそれに関する発表を集中するということをやってお

ります。毎年テーマが違います。今年は2000年が日蘭修好400周年記念ということで、各種の行事が組まれていますことと、それから参加者、前の議長も含めてオランダとの関係もある程度ございますので、それにちなみまして、今度の会議のスペシャルテーマが「オープニング・アップ・ジャパン」ということにしております。日本語のタイトルはまだ決めておりませんが、ただ単に開国時期だけではなくて、広い意味でオープニング・アップ・ジャパンというふうに解釈していただいてよろしゅうございます。これも詳細が決まりしだい、ホームページ等でお知らせできるように体制を整えていきたいと思いますので、よろしくご参照いただけますように。以上、付け加えさせていただきます。

小出 ありがとうございました。ほかにございますか。野口さんお願いします。

野口 最初に10分間でと言われましたので、本当に私、常日ごろ早口なのに更に拍車をかけて早く話しましたので残したのですけれども、配布資料に「補遺」と書いてありますところですが、日本研究者のリストサーバーがあります。例えば文学ですと「JLIT」、歴史ですと「H-Japan」、「jahf-list」は美術です。こういうようなリストサーバーにライブラリアンも参加しておりまして、研究者がいろいろな質問をサーバーの参加者にしているのに対して、ライブラリアンが答えたりするという形で、研究者への直接の支援もしておりまして、これをもうちょっと積極的にしたらどうかという提案も、この間のNCCの会議では出ておりました。

それから、先程笹川さんの配布されました資料の最後から2枚目です、4、5ページめの所ですが、私どももドキュメント・デリバリーのプロジェクトに参加しておりまして、上から約5分の2ぐらいの所に「University of Pittsburgh」というのがあるのですけれども、ちょうど真ん中の「Email address of division in charge」という所のアドレスが間違っております。これは先程笹川さんに確認しまして、お直しいただいたそうですけれど、「DD&」になっていますけれど、この「&」の記号の所がアラビア数字の2です。「DD2」となります。

小出 ありがとうございました。ほかに補足、ありますでしょうか。

海外の発表者への質問

小出 それでは質問に移りたいと思います。まず、海外からの報告に対しての質問を受けたいと思いますが、ここに座ってらっしゃるスピーカーの方ももちろんですが、フロアといいますか、後ろで聞いていてくださった方々のほうからも質問がありましたら、どうぞおっしゃってください。最初にお名前と所属をおっしゃってください。では、海外からの報告について何か質問はありませんか。

　はい、どうぞ。

高橋（晶） 早稲田大学中央図書館総合閲覧課の高橋晶子と申します。イギリスのハミッシュ・トッドさんの発表に対して、3点だけ、多分マイナーなことだと思うのですけれども、確認させてください。

　まず配布資料1ページ目の「モノグラフに対しての収集協力のプログラム」の所で、これは多分私が日本語が把握できなかったので、こういうことかなというのを確認させてください。「共同収集システムの対象となったのは、各図書館が自分の予算で買った図書の範囲外の望まれる余分でした」と書いてありますが、これは各図書館が自分の予算では買えなかった本についてということですね。

トッド そうです。でも、国内で一つはコピーが望まれる書物ですね。

高橋（晶） はい、ありがとうございます。分かりました。それから、2ページ目の下から2段目の段落ですけれども、「なお、最近イギリスの大学図書館は、NACSIS、早稲田大学などの機関が提供しているILLサービスを利用するようになりました」とありますが、NACSISはもちろんNACSIS-ILLをサービス提供していますが、早稲田大学は別に、私は早稲田大学ですけれども、いわゆる普通の図書館としてILLを受け付けして提供していますけれども、特別に何かサービスをしているわけではないのです。どういう意味でここに書かれているのかと思って。もしかして、誤解されると困るなと思ったのです。早稲田大学は海外からの依頼はもちろん受け付けています。自分の所が持っているものに対してはできるだけ提供もしています。

トッド 去年の JLG のミーティングにお宅の竹本希さんがいらして、早稲田大学の情報提供サービスについてかなり詳しい発表をなさいましたけれども、そのことじゃないですか。

小林 ロンドン大学 SOAS の小林です。NACSIS に関しては、先程ご説明があったように、オクスフォードとケンブリッジが試しに使っている段階で、ほかの大学は使えません。それで「早稲田大学」と特別に表示されているのは、私たちにとって早稲田大学のサービスは特別にありがたいのです。(笑い)

と言いますのは、ブリティッシュ・ライブラリーを通すと莫大なお金がかかってしまうのです。ブリティッシュ・ライブラリーの古くからあるシステムを使って日本からの複写サービスをお願いすると、受け取りまでに時間がかかる上に最低でも 35 ポンドはかかってしまう。ところが、早稲田のシステムを使わせていただくと、リクエスト一つに対して送料 US5 ドルのみですので費用の面で助り、特別感謝しているしだいなのです。日文研(国際日本文化研究センター)からのサービスも加えるべきだと思うんですけれども、特別なご厚意をいただいているということなのです。

小出 ありがとうございました。よろしいでしょうか。

高橋(晶) すみません。私が確認したかったのは、早稲田大学は NACSIS のように何か皆さんに対して提供している、特に、一大学以外として提供しているというふうに誤解されてしまうと困るなと思っただけですので、積極的にサービスできることは私の隣にいる高橋昇がずっと担当者でやってきましたけれども、それはもちろんしていますので分かりました。ありがとうございます。

それから 3 点目、3 ページの下から 4 段落目の所に、「目録のデータは、別紙の通り、7 種の方法で利用できるようになっています」とあるのですが。

トッド Web アクセスは三つしかないんですよ。それはテキスト書いてから、これカットしましたけれども、申し訳ございません。

高橋(晶) あの、次の後ろのページにある 3 種類のことですね?

トッド あとの方法ありますけれども、あまり使えなくなりましたので、この三つがメインですね。

高橋（晶）　では単純にここは、7を3に変えてしまえばよろしいですか。はい、ありがとうございました。

野口　今の早稲田の方の発言を聞いて、私のノートから落ちていたことが1件ありましたので、補足させていただきます。この「AAU/ARL Global Resources Program AAU/ARL/NCC Japan Journal Access Project」の一環としまして、早稲田大学でOCLCを使いまして、アメリカのほうの図書館でこのプロジェクトに参加しております、約10館ぐらいだったと思いますけれども、雑誌のコピーに関しては早稲田大学さんに図書、コピーをお願いできるというプロジェクトがございます。そのこと、ご存じでいらっしゃいますよね。私はノートの所に付けることを忘れてしまって、大変申し訳ないんですけれど、そのプロジェクトもございます。それだけです。

小出　ほかに質問ございますか。

高橋（昇）　早稲田大学の高橋昇と申します。今、ロンドンの方からお話あったんですけれど、おととし、竹本がイギリスで発表させていただいた時より、非常に悲しいことに、値段が倍になってしまったんです。コピーに関しては私担当者だったものですから5ドルぐらいだろうと思ってやっていたのですけれど、彼女の発表のあと、すべて郵送料込みUSドル10ドルでコピーをお送りするということになりました。「ARL Japan Project」の関係で方針が変わり、アメリカの大学図書館に比べて、上のほうからの安すぎるという話で10ドルになりました。

　それから、イギリスのほうからはここで特記していただきましたが、今、大きい大学からあまり来ないのですけれど、暁星国際大学から一番新しい大学で資料があまりないということなんでしょうが、頻繁にリクエストいただいていますので、以前はイギリスからはほとんどなかったのですが、暁星からいっぱい来ていますので、こうして書いていただいても特に間違いではないような状況に今はなっています。ありがとうございました。

小出　ほかに質問ございますでしょうか。はい。

宮部　白百合女子大学の宮部と申します。先程の松江さんのお話の一番最後、

「人的資源の確保」、また桑原さんも司書の資格の件でお話あったかと思いますが、皆様それぞれの場所でどのようにして、スタッフの確保ですね、実態はどのようになっているのかというのを、その際に資格のありなしというのがどのぐらいの意味を持っているのかということも、併せてお差し支えない範囲でお願いします。

　それから今後、たまたま私は司書養成に関わっているものですから、例えば国内で帰国子女のような場合は可能性あると思うのですけれど、海外のそういった日本研究の図書館の仕事をしたいという場合に、国際交流基金のような所でバックアップ体制のようなもの、何か窓口になるというような意味で考えられるのかといったことを少しお話聞かせていただければありがたいと思います。

桑原　いわゆる図書館学を持っている大学がドイツには数カ所あるんですけれども、司書の資格が三段階に分かれておりますから、一口には申せません。実際、具体的な授業例とか資格の問題は、恐らくデュイスブルク大学の山田さんのほうが具体的にご存じではないかと思うのですが。ドイツの資格を持ってらっしゃいますね？

小出　すみません、録音のためにマイクを入れてください。

山田　なかなか全体的なことは申し上げられないのですが、ドイツの場合、図書館で働く場合は、昔から専門大学(Fachhochschule)というのがありまして、そこで資格を取って図書館に勤めるのが一般的でした。公の図書館職の多くは公務員職なので、私たち外国人はあまりそういう仕事はできません。EUの統合により、EU国民の権利を平等にしようということで、大学図書館員（ドイツの大学のほとんどは州立）は、すなわち公務員という規則は今変わりつつありますが、図書館で図書館員として働く場合は、資格の有無が問われます。

　私の場合、特にデュースブルク大学の場合は、大学中央図書館で仕事をしなくてはいけないということだったんです。だから採用の際に図書館員の資格は問われました。それで私はたまたま日本の資格を持っていたので、それでいいということになりました。ただ、ドイツの大学の場合、日本関係の図書館はゼ

ミナール図書館が多いので、そういう所で働く図書館員を採用する場合は、今までは大体そこのゼミナールの主任である教授とか、ゼミナールの決定で決められたことが多いのが前例でした。これはドイツの状態です。ベルギーのほうは松江さんにお答えいただきたい。

桑原 ちょっとよろしいですか、恐らくそういう意味でいわゆる正式な司書のポジションがいわゆる各研究所の図書室には決してそろっているわけではございませんので、そういった理由でもって、最初から司書の資格を持った司書の専門のというふうに雇われることは非常に少ないのです。最近になりまして、3 カ所なんですけれども、日本の図書館情報大学ですか、そこの卒業生が 1 年あるいは 2 年の契約でもっていらして、それで日本関係の図書を整理するという大学も出てきました。

それ以外は先程も申しましたように、いわゆる司書の資格をドイツで取った、あるいは日本で取ったということが必ずしも問われるわけではございません。偶然 1 学期あるいは 1 年、学生のアルバイトでするとか、今大学の助手は契約が最高でも 5 年止まりなんですけれども、その助手がいる間、その助手が兼任でもって図書室の世話をするとかそういうかたちになっております。

松江 ベルギーの状況についてお話ししますと、ドイツのようにきっちりとしたものではございませんで、確かに高等教育機関として、ある種の職業訓練校というよりもう少し専門性が高い、そういうかたちでいくつか司書のコースを持っている教育機関はございます。が、司書の職を得るに関しまして、必要要件ではない模様です。ベルギーはそういう意味では実に、どう言えばいいのでしょう、私が分かりますのはフランダース地方だけになりますので、フランス語圏のワロンのほうはどうなっているのか分からないのですけれども、司書職としては確立していない、という状況は恐らく同じだろうと思います。

必要の要件ではないということは、つまり特殊技能給が付かないということを意味しまして、そうしますと、例えば大学図書館内で司書の方がいらっしゃる場合、資格うんぬんよりも職場内での内部昇進試験のようなものがありまして、それに受かっていくというほうを目指されている模様です。ですので、例

えば、アメリカのようにシステマティックな司書の養成のシステムがあるわけではなく、従いまして資格を持っているから就職に有利かというと、それは特にないというのが現状です。こんなのでよろしいでしょうか。

小出 ほかに質問がございますか。海外の発表者に対して質問のある方、よろしいですか。

国内の発表者への質問

小出 今度は、国内からの発表者に対して質問を受けたいと思います。大学図書館協議会・学術情報センター・国会図書館のこれからの国際的なサービスについて、ご質問のおありな方はいらっしゃいますか。

高橋（昇） 早稲田大学の高橋です。東京大学の笹川さんにお尋ねします。今テストで Ariel を使って送っていらっしゃる、ということですが、配布資料6枚目の下から二つ目のパラグラフの一番下に「公衆送信権の問題もある」と書かれております。これは、われわれ早稲田大学のほうでも、非常にナーバスになっているところがあります。日本の文化庁の、図書館に対する著作権関係のことで問題になっています。東京大学をはじめとする国大図協のほうでこの問題をクリアされたということであれば、そのことをお伺いしたいと思います。

笹川 この問題は当初、立法趣旨の中ではファクス等を含めて公衆送信権がかかわるというふうに言われていました。国会図書館との懇談の中でも若干出てきているのですが、文化庁の著作権課は特定の端末に対して、学術教育に関する資料を送信することについてはよろしいのではないかというような意見が出てきている。だから、決定したわけでも何でもない。

　東京大学では、公式的に言えるかどうかはまだ定かではないのですが、今実験をアメリカとやっていて、これも文部省は OK しております。実験だからいいだろうということで進めています。

　実際に公衆送信権が係るといっても、訴えがあって裁判に掛からない限り、これは発動できないと思いますので、私は国際交流のほうを重視致しまして米国をはやり取りをしてしまうということで、今現在重ねています。この3月に

評価をしますが、今後、もちろんドイツともオーストラリアともやっていくべきであろうと考えています。以上です。

小出 ありがとうございました。ほかにございますでしょうか。

桑原 これは、日本から参加なさっておいでの方と、研修プログラムにいらしている海外からの方の両方に対しての質問です。アメリカと日本、あるいは英国と日本で行なわれているコピーデリバリーサービスを、そういった二国間のかたちが完全にできあがっていないドイツから利用することは可能でしょうか。

と申しますのは、一度具体的な例がございまして、ベルリンの国立図書館の東洋部門はドイツ学術振興会から補助金をもらいまして、いわゆる日本学に関した雑誌の記事のコピーを、今会場にドイツ国立情報処理研究所東京支所から石島さんがお見えになっていますが、そちらの事務所を通してコピーを取り寄せるということを行っております。ところがある時、日本学以外の内容で日本の雑誌に出ていた学術記事のコピーを取ってほしいと、ドイツ側の研究機関から依頼がございました。そのときに、私は実際どこに頼んでいいのか、本当に迷いました。

もしドイツからでも、日英間あるいは日米間のそういったサービスを利用できるとしたら、そんなに何度もあることではございませんので、利用させていただきたいという気持ちがございます。いかがでしょうか。

小出 お答えいただく前に、今私が感じたのは、桑原さんの質問の中にとても面白いポイントが入っていると思います。つまりドイツでは、東京のドイツ図書館連絡会を通じて入手できる資料は、日本研究資料に限られるという制限があるわけですね。日本研究資料とは何かとか、日本資料とは何かという問題が潜んでいると感じました。

これは、李さんと事前にお話していた時も、李さんの所は日本に関する資料ではなくて、コリアナ、つまり、韓国に関する資料で日本語で書かれたものというのが、現在の収集の中心だとおっしゃいました。そういう意味では、日本関係資料とは何か、あるいはどう定義するか、どういうふうに考えるかという

問題がそこに潜んでいると感じました。

　今の桑原さんの質問にどなたかお答えいただけますでしょうか。

笹川　一つは NACSIS の ILL システムもメッセージ交換システムですから、大学がそのメッセージ交換システムを受けてデリバリーをやっているわけです。それ以外に NACSIS‐ILL を使わないで、メールだとか、レターとかファクスという、いくつかの手段で実際には各国立大学に申し込み依頼が来ています。

　それは、日本語資料とかという区別なしに受けています。昨年の実績で、おおよそ3千件ぐらいを海外から国立大学が受けています。それは先程申し上げましたように、料金の問題は国立としては海外に対してギフトで送っているのが実態です。あまり量が多いと、各国立大学も大変なのかもしれません、料金の問題もあるのかもしれません。

　今現在では、そういうふうにルートが構築されていますので、NACSIS‐ILLのメッセージ交換システムを使ってもよろしいですし、そうでない方法を使っても受けてくれると思っています。

桑原　ありがとうございました。

早瀬　東北大学から来た早瀬と申します。冒頭で仙台くんだりからも参加者が来たとご紹介くださいましたので、一言発言させていただきます。笹川課長からお話がありましたが、東北大学も正式には海外からの文献複写をやっていないのですが、実際には来ています。大した件数ではないので、もちろん応えているわけです。その半分は、Web マスター宛にメッセージが届いています。その中で「こういう文献が欲しい」と要請が入っています。

　ついでに、国立大学全体の状況をわが大学を中心に話をさせていただければ、できるだけインターネット、ホームページを通じて情報を提供する方向で動いていると思います。ほとんどの大学がホームページ上に OPAC、蔵書検索のシステムを出しております。東北大学も、全体の蔵書は350万冊ぐらいありますが、その中の90万冊ぐらいは OPAC で検索できます。雑誌は6万タイトルぐらいありますが、これはすべてインターネット上で OPAC で検索できるように

なっています。
　しかし日本の大学のホームページは、なかなか外国から見つけられない状況になっています。二つぐらい理由があると思います。その一つは、ホームページを検索するときには通常はサーチエンジンで検索しますが、日本のホームページがなかなか外国の、例えばアルタビスタとかオープンテキストのサーチエンジンに掲載されていないということがあります。今考えているのは、そういうふうなサーチエンジンに積極的に登録してもらうことをやりたいと思っています。
　あと、検索する際に膨大なデータから検索しますから、これを、効率的にしないといけないということで、今、国立大学のあるグループで発信する情報にメタデータをきちんと付ける、効率的な検索が可能なようにしようということで、東京大学等と一緒にその検討をやっているところです。OPACについて改善が必要な点です。
　さらに各大学は非常に特殊なコレクションを持っているわけで、これもインターネット上で提供するということで動いていると思います。東北大学で言えば、「漱石文庫」、夏目漱石のコレクションを持っています。これの目録と、実質の資料の画像データベースを3月までにインターネット上に出す。従って、これらについては特に文献複写依頼をしなくても、インターネット上で入手できるという状態になります。
　国立大学は国立機関ということで、昨年の5月に情報公開法が定められまして、国立大学協会からの積極的に大学の情報を提供せよという方針が出ております。特に図書館の情報については、今後もどんどん情報発信されるのではないかと思っています。
　受け付けの状況の中で、われわれが受け付けている情報で気付いているのは、海外からコピー依頼がある情報のほとんどが英文の情報です。日本語関係の日本語の情報はほとんど来ていない。大学で出版されている英語の論文とか、例えば仙台で開催されたシンポジウムの英文の要旨であるとか、それらがほとんどです。以上、ご報告します。

小出　どうもありがとうございました。門さん、お願いします。

門　ちょっと話を戻しますが、早稲田大学の高橋さんと東大の笹川課長のやり取りの中で国会図書館のことが出ました。著作権の問題です。若干誤解があるかなと思いますので、訂正とコメントをしておきたいと思います。

　東京と関西、あるいは子ども図書館も含めて、資料が分散する。国会議員さんなり、一般のユーザーなりが例えば東京本館に来て、「これこれのコピーが欲しい」と依頼があったとする。たまたまその資料が関西にあった。その場合どうするかというところで、難しい言葉ですが、日本の著作権法でいう「公衆送信権」というものが関わってきます。簡単に言いますと、これは著作権法第23条「公衆送信権等」において、著作物をファクス送信するとか、電子的に送信する権利、すなわち公衆送信権はあくまでもその資料の著作者にあるということであって、図書館で勝手にできないということです。

　実際にそういう場合はどうすればいいか。郵便で送るのかということで、いろいろわれわれは法文の解釈について、先程笹川さんが言われましたように著作権を管轄しています文化庁に問い合わせたりして、その結果、関西館と東京本館は一体の施設であると解釈する。同じ施設として機能する。その間では、事務用として大量でなければ緊急必要の場合はよい、ということでした。関西館なり、子ども図書館と東京本館の三つの間では一つの施設と解釈して、しかもそれをある特定の職員が介在して特定の機器でやる場合には、公衆送信権には当たらないと解釈するということです。しかし仮に関西から本館にファクスで取り寄せたものを、国会議員のいるところまでファクスでまた転送することはできないと解釈しております。

　当然のことながら、それは国内の一般の利用者、外国の学術機関であろうが、どこであろうが、仮にそういうふうにして片一方からファックスなどで取り寄せたものはやはり郵便で送らないといけないと、われわれは考えています。そこら辺、誤解のないようにお願いしておきたいと思います。

小出　ありがとうございました。ほかにご質問ございますでしょうか。

高橋（晶）　国会図書館の門さんと、NACSISの方にお伺いしたいのです。特

に料金決済法については、今回のレジュメにもほとんどあまり具体的に書かれていないようです。特に国会図書館の場合、例えばBLDSCがやっている預託金みたいなかたちでは考えられていないのかということをぜひ伺いたいと思います。

日本からBLDSCへの利用が圧倒的に多いのは預託金制度があるということだと、私は思っています。利用の都度1回ごとにやらないで、一度銀行に送ったものが段段減っているだけだという利便性はとても大きいと思います。ドイツでも新しくできたGBV-direkt (Gemeinsamer Bibliotheksverbundのドキュメント・デリバリー・サービス)は預託金制度があるので、こちらでも早速利用することにしたのです。このように預託金制度を利用する予定はいかがでしょうかということを、国会の門さんに伺いたい。

NACSISの方には、NACSISはOCLCのILLシステムを非常に研究されて作られたと思います。あそこで行われている料金決済システムが全然まだ実現されていない。もちろんいろいろな問題があるのはよく分かっているのですが、それが実現される可能性について教えていただけませんか。

門　料金決済のほうからいいですか。笹川課長も先程言われましたように、国の機関ではいろいろ法的制約があります。この場合に何が問題かというと、国の機関に係る財政法とか会計法とかに全部引っ掛かるのです。法文はちょっと難しいから覚えていないのですが、商取引が外国とあった場合に円建てで速やかに決済をしなくてはいけない。つまり、あらかじめお金を預かっておくとか、あるいは1年後に精算をして受け取るということはできません。

ついでに言いますと、バウチャーとかいろいろな郵券、クーポンのようなものでの支払いとか受け取りも、国の財政法で禁じられているので、そこら辺をわれわれは何とか突破したいと考えています。これは、東京大学の笹川さんともいろいろ話し合って、協力して何とかここを打ち破ろうとしてきたのですが、日本の大学とか研究機関・図書館と海外との決済の額があまりにも少ない、砂粒みたいな所で国の基本法である財政法や会計法を変えろとか、例外規定を設けろというのは現実の問題としては難しい。

だけども、国際的な情報流通のためにはわれわれは何とかしなければいけないと焦ってはいます。なかなか糸口がつかめないというのが現状です。

京藤 基本的には NACSIS の場合は、NACSIS-ILL システムはメッセージ交換システムであるということで、料金決済はお互いの、依頼をして受け付ける館同士の問題であると考えております。ただ、NACSIS-ILL を促進するというときに、今の料金決済の問題が非常に課題になっているといことはじゅうぶん認識しております。

OCLC の手法は私はまだ不勉強で今すぐには思い浮かびませんが、例えば財団を一つ通じて、その財団を双方の海外とのやり取りの窓口にして、そこが料金決済も含めたことを行うというアイデアはあります。それについても検討したことはありますが、やはり最終的な解決にはならないだろうということがあります。今のところは、実際に料金をやりとりする図書館を擁する国大図協の検討を待つというところです。ただ、NACSIS としても課題として考えております。

もう一つは、先程オックスフォード大学・ケンブリッジ大学さんからの試行利用ということも、残念ながら実際の料金については NACSIS の予算で払っています。そういう意味でも試行であると考えております。重要な問題であるということは重々認識しております。

小出 ありがとうございました。もう5時を過ぎましたが、もし良かったらあと一つぐらい質問を受け付けられると思いますが、ありますでしょうか。コメントでも。

野口 質問ではないのですが、国立大学の方がたくさんのお見えでいらっしゃるようですので、お願いしたいことが一つあります。もちろん私立大学も同じことです。博士論文についてですが、この入手が大変不可能です。私のヒット率はフィフティー・フィフティーです。まずコピーを取っていただくためには、著作者の許可が要るということで、それは著作者の方の存在が分かりさえすれば、こちらは許可を取るように致します。ただ、国立大学からはフラットに「ノー」という返事が返ってくるのです。

もう一つは探す方法です。幸いにしてこの1月7日から、NACSIS-IRのWebで公開されたので、探すのがこれからは楽になるかと思います。どこが持っているかが分からないことが頻繁にあって、例えば博士号を出した大学が分かっていましても、その大学が果たして博士論文のサービスをしてくださるかどうかが大変分かりにくいです。できれば、Webサイトに博士論文のリストのようなものをぜひ載せていただけるとありがたいです。

　これもNACSISの方にお願いしたのですが、必ずWebのサイトにリファレンスセクションのファクスの番号、Eメールの番号を載せていただきたいのです。ファクスの番号が要りますのは、私の場合はアメリカからEメールを送りますが、JISのコードで送っているのですが、日本についた段階で化けるのです。それで、日本から送っていただくEメールを読むのは全く問題がないのですが、送る際に化けるので、こちらとしては正確な情報を送りたいので、最初の発信の際にはファクスの番号が欲しいです。

　割に載っていないのが図書館の住所です。どういうふうに行くかという地図は詳しく載っているのですが、住所がなくて郵便が送れないのです。大学は職員録を見ますれば大体分かりますが、ちょっと分からない所もありまして、ぜひ住所も載せてくださるようにお願いします。

　さっき笹川さんが、はっきり決まったことではないと思いますが、もしも国際郵便のクーポンを使った場合に150円の券を1枚とおっしゃられましたが、それは私たちの感覚からすると大変高いように感じられます。

笹川　例えばということです。

野口　例えばですね、それで安心しました。

笹川　その件について言うならば、恐らく文部省は正面切って相談すると駄目だということになると思います。ですから、見て見ぬふりをしてくれという言い方であればOKを取れるかなというふうに考えています。そうでもなければ、なかなかできないのです。国立大学図書館協議会の国際アクセス特別委員会をこの3月に開く予定ですが、3月の会議では、具体的なその方法を決めるように今考えています。

学位論文の話がありましたが、東京大学は学内の規則で著作者の了解を取らなくてもいい規則になっています。ですから、東京大学の学位論文のデータベースも今 OPAC とリンクを掛けるようにしていますが、だんだん整備をしようとしていますので、どうぞお使いください。

小出　門さん、どうぞ。

門　博士論文のことで、ひとこと。実を言いますと、国会図書館には博士論文が 1 部入ってきまして所蔵しております。古い時期のもので無いものもあるかもしれません。ただ、2 カ月後に上野に「子ども図書館」が開館する。その上野の支部図書館にあった博士論文を現在は本館の講堂に全部詰め込んで凍結しているのです。今日のシラバスに書いておきましたが、今後 Web で公開する予定のデータベースの「その他」の中には学位論文も入ると思います。著作権の問題は今すぐ私は答えられませんが、関西館完成後は何らかの形で利用できるようになるでしょう。博士論文を国会図書館はあと 2 年間は凍結して、利用をお断りしているというのが現状です。

野口　国会図書館の学位論文は冊子体は買っておりますが、とても使いにくいので早く OPAC で学位論文のデータベースを公開していただくようにお願い致しします。できるだけ早くお願いします。

まとめ

小出　時間が 5 時 15 分近くになりました。今回のワークショップを締めくくりたいと思います。

　思い返すと、そもそも NACSIS が発足したのは 1986 年です。それから 14 年たちまして、もちろんその間インターネットの発達とかいろいろありますが、それまではいながらにしてよその図書館の OPAC が検索できるようになるということはなかったですし、想像もつかなかったですし、総合目録をどこからでも、図書館の外からでもいながらにして検索できるということは想像もつきませんでした。

　しかし、そのことが日本国内では実現しつつあります。そしてそれがインタ

ーネットに出ているということは海外からも見ることができるということです。そうするとどこに何があるか分かる。ということは、その資料を利用したくなるということは当然の結果です。見たくなるということをどういうふうに図書館としては利用者に対して実現するかというところに、今、差し掛かっているのだと思います。

考えてみれば、OPAC が Web に出ることも NACSIS のデータ入力を考えても ILL を考えても、やはり図書館同士の協力がなければ成り立たないことなので、だんだんグローバル化、世界が情報化すればするほど、みんなが協力して問題解決あるいは業務の遂行に当たらなければいけないという状況になってきてしまっています。

もう一つ、今日伺っていて面白かったのは、NACSIS に料金決済システムがないという話が出ました。困っているのは海外の図書館だけではなくて、実は国内の国立大学図書館以外の図書館が NACSIS を利用していても、いちいち料金を図書館同士でその都度精算しなければならないわけです。これは、そういう意味では国際的な問題だけではなくて、逆に国内的な問題でもあるというふうに思いました。

今までの特に日本関係資料に焦点を合わせて、図書館協力ということを見ると、今差し掛かっているのは、これから自分の所にない文献をどうやって利用者に提供するか。そして、これまでそのために一番ネックになっていた書誌情報はだんだん共有できるようになりましたが、なぜか料金決済システム、特に為替を含んだ場合がネックになってきているということがはっきりしてきたと思います。

いろいろな試行を通じて何とかして今ある壁を乗り越えて協力を進めようというところに、今、私たちはいるのだと思います。今後とも、そんなに頻繁にある機会ではないのですが、海外からの日本研究司書を迎えて、日本国内の図書館関係の方とお話しする機会を、また来年もこの研修がありますし、そういう機会に持てたらいいと思います。まず第一歩は人対人です。顔を合わせると後のコミュニケーションがやりやすくなります。今は E メールもありますから、

今後はそういう手段を通じて協力を進めていただきたいと思います。
　これで今日のワークショップを終わります。長時間ご協力いただきましてありがとうございました。(拍手)

配布資料

Networking Networking Networking Networking Networking Networking Networking Networking Networking Networking Networking Networking

日本研究資料および図書館関連のネットワーク

＊印は（日本）研究者の組織
♯印は書誌情報コンピューターネットワーク
☆印はメーリングリスト

● 北米
    AAS   Association for Asian Studies ＊
      CEAL Council on East Asian Libraries   ☆ eastlib@listserv.unc.edu
        CJM Committee on Japanese Materials
    NCC North American Coordinated Council on Japanese Library Resources
        （旧日本語名 全米日本研究資料調整委員会）
    OCLC ♯
    RLIN ♯

● ヨーロッパ
    EAJRS European Association of Japanese Resource Specialists
       （日本資料専門家欧州協会）
    JOHO Conference   ☆ joho@lists.acs.ohio-state.edu

● ドイツ、オーストリア、スイス
    Arbeitskreis Japan-Bibliotheken（ドイツ語圏日本関係図書館連絡会）

● イギリス
    JLG Japan Library Group   ☆ lis-jp@mailbase.ac.uk
    BAJS British Association for Japanese Studies ＊
    CURL (Consortium of University Research Libraries) COPAC ♯

● オーストラリア
    EALRGA East Asian Library Resources Group of Australia
      ☆ easia-libr-group-l@coombs.anu.edu.au   ☆ asialib@info.anu.edu.au
    JALRGA Japanese Library Resources Group of Australia
    National CJK ♯
    Japanese Studies Association of Australia ＊

● 日本
    学術情報センター提供
      NACSIS-CAT ♯   NACSIS Webcat（NACSIS 総合目録 Web 版）
      NACSIS-ILL ♯
      NACSIS-IR ♯
    国立国会図書館提供
      NOREN ♯ (National Diet Library Online Information Retrieval Network System)
      Japan MARC   J-BISC (Japan MARC の CD-ROM 版)

● 世界
    IFLA（国際図書館連盟）

（2000 年 1 月現在、作成 小出）

ワークショップ：２０００年１月２１日：於 国際文化会館

海外における日本資料提供の協力体制

「北米からの報告」：ノート

I. 日本研究コレクション・ライブラリアン

1998年6月30日現在：米議会図書館を含む６６図書館の報告に基く

   総巻数　　　　　　　　　　　：4,407,021 (3,507,517)

   総マイクロフィルムリール数　：101,697 (92,564)

   総マイクロフィッシュシート数　：91,517 (76,310)

   CD-ROM　　　　　　　　　　　：(170)

   定期刊行物（タイトル）　　　：63,353 (29,034)

   職員　専門職　（人）　　　　：52 (47)

出典：*Journal of East Asian Libraries* no. 117 (Feb. 1999)
注：東亜図書館協会（CEAL: Council on East Asian Libraries）の
統計調査に日本（語）について報告された数字の合計（東アジア
図書館全体について報告、日本独自の数字の報告のないものは含まれていない。
従って実数はこの数字を上回る。）（カッコ内は米議会図書館を含まない数字）

II. ビブリオグラフィック・ユティリティー　：

   RLIN（アール・リン）
   Research Library Group Library Information Network
   日本語レコード数　453,019（1998年3月現在）

   OCLC（オー・シー・エル・シー）

日本語レコード数：692,765 （1999年1月現在 早稲田大学の
レコードも含む）

CJK （シー・ジェー・ケー）サブシステム
それまで（1983年9月）まで孤立していた中国語・日本語・韓国語の資料を

研究資料としての主流に合流を可能にした。
書誌情報・資料所蔵確認、蔵書構築の基礎資料

ILL （アイ・エル・エル）図書館相互貸借サブシステム

ISO ILL Protocol （アイソ・アイ・エル・エル・プロトコール）
図書館相互貸借の国際標準 の適用

ＣＪＫユーザーグループ

III. 図書館・ライブラリアン組織・団体：

AAS （エー・エー・エス）会員制

CEAL （シール：Council on East Asian Libraries ： 東亜図書館
協会） ： 会員制 （個人・法人）
AAS （エー・エー・エス ： Association for Asian Studies アジア
学会）の下部組織・主に北米（米・加）の図書館および
ライブラリアンが会員

目的：
協会は(a)ファカルティー・ライブラリアン相互に関係する東アジ
ア図書館の問題を討議するための共通の場を提供し、(b)東アジア
図書館資料、書誌コントロール、およびアクセスの開発のためのプ
ログラムを形成する、そして(c)東アジア図書館の発展とサービス
に関する図書館間および国際協力を改善する、ことを目的とする。
　（野口私訳 CEAL の公式訳ではない）

機関誌：Journal of East Asian Libraries

eastlib （イーストリブ）は会員のためのリストサーバーで会員
間の重要な情報伝達手段 （但し会員外にもオープンしている）。

歴史：
1960 初期, Committee on American Library Resources on the Far East (CALFRE)(アメリカ極東図書館資料委員会)として発足　機関誌、CALFRE Newsletter; 1963 年 5 月 22 日創刊。

1967 年 7 月 CALFRE から Committee on East Asian Libraries(CEAL)(東亜図書館委員会)に名称変更
機関誌：CEAL Newsletter: 1977 年、CEAL Bulletin

1995 年 Council on East Asian Libraries に名称変更
略号、CEAL に変更無し
機関誌：Journal of East Asian Studies(JEAL:ジール)に名称変更

CEAL の中の委員会
- Committee on Japanese Materials **日本資料委員会**

    協力体制に関連する活動：
    - 年次会議　　（日本研究資料に関するニュース・紹介など）

    - 1988 年秋　日本への研修旅行　　（Japanese Studies Librarians' Tour of Libraries in Japan）

    - ARL(エー・アール・エル : Association of Research Libraries : 研究図書館協会) Foreign Acquisition Project
    1993 年 2 月 Report of the Task Force for ARL Foreign Acquisition Project for Japanese Materials
    研究図書館協会海外資料プロジェクト日本資料タスクフォース報告　発表

    - 1992 年　日本雑誌総合目録 (National Union List of Current Japanese Serials in East Asian Libraries of North America)

    - 1993, 1999 年日本研究ライブラリアンのためのワークショプ

- Committee on Technical Processing
- Committee on Public Services
- Committee on Library Technology

NCC （エヌシーシー）
North American Coordinated Council on Japanese Library Resources
［全米日本研究資料調整委員会］
　　１９９１年１２月 フーバー会議の結果設立
　　資金：日米友好基金、国際交流基金
　　理事会はライブラリアン、ファカルティー、日本リエゾン、CEAL、
　　ARL, AAS NEAC（ニアック：North East Asia Council）各代表など
　　１２－３人により構成。年２回会議を持つ

　　広報誌：NCC Newsletter

　　目的：
A. 蔵書共同構築、アクセスの改善、日本研究ライブライアンシップのための教育、その他関連活動に関するプロジェクトのため、調整・開発および援助資金（ファンディング）調達を行なう。

B. 情報資源に関連するライブラリアン・学者・およびその他の関係者の集合的な必要性を明瞭にし、勧告を誘導するという目的にそう情報の収集、配付を行なう、そして

C. 意義のあるプログラムを進展させるために援助資金提供機関に助言、協力を積極的に行なう。
　　（野口私訳：NCC公式の日本語訳では無い）

　　歴史：
　　日本研究プログラムの増加、日本研究コレクションの増加・増大などによる日本研究図書館・蔵書環境の変化に対応、将来の指針計画をはかるため、1991年11月7日スタンフォード大学フーバー研究所で会議 (Hoover Conference on National Planning for Japanese Libraries：フーバー会議) が持たれた。この会議ので組織されたナショナル・プラニング・チーム (National Plannning Team for Academic Japanese Libraries：NPT エヌ・ピー・ティー)の報告・勧告に基き設立。

　　協力体制に関連する委員会：

- MVS Project :　Multi-Volume Set Project 多巻セットプロジェクト

- The Japan Art Catalog Project
  日本［近・現代］美術展覧会目録収集プロジェクト -- フリアーギャラリー

- The Japan Foundation Library Support Program
  国際交流基金図書館援助プログラム
  援助応募プロポーザルの評価 --
  ァメリカとしての日本研究コレクション（national collection)に寄与するもの、コンソーシアムなど共同利用を意図したものを優先

AAU/ARL Global Resources Program
- AAU/ARL/NCC Japan Journal Access Project
  (http://www.arl.org/collect/grp/japan/participants.html)

The ANUL/ARL/NCC document delivery project
国立大学図書館協会、エー・アール・エル、エヌ・シー・シー ドキュメント・デリバリー・プロジェクト
アメリカ・日本間のドキュメント・デリバリー・サービスについての試験プロジェクト
Home Page (Japan Site)
http://wwwsoc.nacsis.ac.jp/anul/dds.html

Japanese Journal Information Web
(http://pears.lib.ohio-state.edu/ULJS/index.html)
Union List of Japanese Serials and Newspapers

IV. まとめ

基盤：CEAL および NCC

傾向：

紙・印刷媒体 --> 電子媒体
Union List of Serials/ National Union Catalog など --> RLIN・OCLC などのデータベース
　　　　　Union List of Japanese Serials and Newspapers (Web 版)

個 --> 全体・複数館
ライブラリアン個人の懇意関係 --> eastlib 経由 --> 図書館・
　　　　　　　　　　　　　　　　　　　　　　　　　　ライブラリアン

補遺：
日本研究者のリストサーバー、JLIT(文学), H-Japan(歴史), jahf-list(美術)
などへのライブラリアンの参加による、研究者の資料のニーズにたいする
直接の支援

　　　　　　　　　　　　　　　　　　　　ピッツバーグ大学　野口幸生

ワークショップ：海外に於ける日本資料提供の協力体制
EAJRS(European Association of Japanese Resource Specialists：日本資料専門家欧州協会)の活動

発表参照用資料

2000.1.21.（金）
於：国際文化会館

松江万里子
EAJRS Secretary
協会ホームページ：http://akira.arts.kuleuven.ac.be/EAJRS/

・協会設立の経緯　　→別紙資料ページ3，Background to the EAJRS

・目的・歴史　→別紙資料ページ1参照

・会議の規模（1999年第10回年次会議於クラカウの場合）
　　- Report from the Secretary
　　During this 10th Annual Conference 51 persons from 12 countries attended.
　　Subdivided as follows: Japan (15), England (7), Poland (6) Germany (6), Belgium (4), Sweden (4), Russia (3), France (2), Austria, Denmark, Holland, U.S.A.
　　This again stresses the point made by the chairman that we should encourage more collegues from central Eastern Europe to partake in order to become a truly European Conference.
　　In total there were 27 presentations, including 7 for the special workshop.

・特徴
　　参加組織・参加者背景の多様さ
　　日本関係図書館（資料館）司書、博物館学芸員、関連領域研究者
　　「ゆるやかな協力」←「体制化」とはなじまない（？）
　　　＊『雑誌記事索引』冊子体刊行中止決定を巡って（1995 1996年）

・今後の課題・展望
　　「資料」とは何か
　　　　背景：会議の成熟、社会全般のインターネット化
　　使用言語の問題
　　　　英語か日本語か／バイリンガル化はどこまで必要か
　　会議発表内容へのAccessibility向上：
　　　　出版、ホームページ、ニュースレター、メーリングリスト等
　　東欧諸国の参加促進
　　相互協力の「窓口」的役割　(e.g. 日本国内からヨーロッパ内への寄贈受付)
　　人的資源の確保

日本資料専門家欧州会議

日本資料専門家欧州協会（略称EAJRS）は、ヨーロッパに於ける日本研究、関係する図書館資料・各種情報の普及・流通に益することを目的として設立された団体です。参加資格は、図書館司書、博物館学芸員、関係分野の研究者をはじめ、当該分野に関心を持つ一般の人々に対しても広く開かれています。

EAJRSのこれまでの歴史（英語）

EAJRSは国際交流基金の支援により運営されております。

(()) 国際交流基金
The Japan Foundation Top Page

第１０回年次会議（クラカウ・ポーランド）に関する最新情報1999.9.7更新（英語）

- クラカウからのお知らせ（英語）New!)
- 事務局からのおしらせ（日本語・英語）New!)

- 暫定版プログラム（英語）
- 参加者リスト（英語）
- クラカウ中心部地図（最新情報のページから辿ってください）

これまでの会議・発表

- 1990：ブダペスト（ハンガリー）
- 1991：ベルリン（ドイツ）
- 1992：ライデン（オランダ）
  ライデン国立民族学博物館
- 1993：ストックホルム（スウェーデン）
  ストックホルム大学
- 1994：ボン（ドイツ）
  ボン大学
  特別ワークショップ：Ryukyuan Art Treasures in Europe and America
- 1995：ウィーン（オーストリア）　Vienna, 27 - 30 September 1995
  オーストリア国立図書館
  特別ワークショップ：Special Workshop: Nineteenth Century Museum Collections of Japanese Art and Artefacts in Europe

- 1996：ヴュルツブルグ（ドイツ）Wuerzburg, 25 - 28 September 1996
  シーボルト博物館
  特別ワークショップ : Photography and Collections of Photographs
- 1997：ハイデルベルグ（ドイツ）Heidelberg, 24-27 September 1997
  ハイデルベルグ学術協会
  特別ワークショップ : Travelling/Travelogues in 19th Century Japan
- 1998：ルーバン（ベルギー）Leuven, 23 - 26 September 1998
  ルーバンカトリック大学中央図書館内、東アジア図書館
  特別ワークショップ : Using Japanese Electronic Resources

Back to EAJRS Front Page (English)

議長・事務局の連絡先 (in English Front Page)

事務局へメール

Last Updated: 07. Sept. 1999.

Background to the EAJRS

In September 1988, following the British Library's ambitious third Oriental Studies colloquium on sources for Japanese studies, European librarians, curators and scholars sought to create an organisation to embrace all who are professionally interested in the provision of resources for the study of Japan. These discussions culminated in 1989 with the establishment of the European Association of Japanese Resource Specialists at a Workshop held in the Staatsbibliothek in West Berlin. These developments reflected major academic and technical changes which were already stimulating Pan-European and Euro-Japanese cooperation.

In Britain scholars in Cambridge had begun the preparation of a Catalogue of Edo-Period books in European collections. Furthermore, worldwide advances in computer technology suggested the possibility of international cooperation in cataloguing modern Japanese materials. In Japan the development of databases at the International Research Centre for Japanese Studies (Nichibunken, Kyoto) also provided examples of the use of computers to assist research and cooperation in Japanese cultural studies. Of possibly even greater interest to librarians was the National Centre for Scientific Information Systems' (NACSIS) active interest in international cooperation which now already led to the creation of a link between the computerised NACSIS catalogue (NACSIS-CAT) and the British Library, London and the Staatsbibliothek at Munich. This welcome initiative made the location of materials in Japan and the cataloguing of Japanese publications somewhat easier than in the past.

Within weeks of the creation of the EAJRS the Berlin Wall was opened and closer cooperation with fellow Japanologists in Eastern and Central Europe became possible. At the Association's first full conference in Budapest in 1990 these earlier tendencies were confirmed and reinforced. Soviet and Czech scholars indicated the broad scope of little-known East European collections; Dr. Kornicki reported on the progress of the Edo books project and colleagues from Nichibunken and NACSIS described recent developments in the creation of databases and computerised cataloguing. A further important contribution to the conference was a paper presented by three senior librarians from the United States who wished to develop stronger links with Japanese information specialists in Europe.

When the second EAJRS conference was held in 1991, in a united Berlin - and, as has been the intention from the establishment of the Association to coincide with the EAJS conferences - the Soviet Union was on the point of disintegration and political obstacles to cooperation with colleagues in Eastern Europe had virtually disappeared. On this occasion Polish and Russian scholars described the excellent Japanese art collection in Cracow and documentary collections in St. Petersburg. The broadening scope of the Nichibunken's research activity was also evident in Professor Betchaku's outline of her Nichibunken-sponsored survey of Japanese works of art in European museums, libraries and galleries (with two volumes published to date).

A further theme in EAJRS conferences has been the circulation of information on major collections and research centres in Japan. At Budapest Mr. Kamiyama described the holdings of the Japanese Foreign Ministry archives and Professor Sato analysed the scope of libraries and collections in the former Soviet Union and East European states remains little-known and there exists a pressing need for the compilation of guides, catalogues and databases to spread knowledge of these important resources. Major collections in Spain, Portugal and Italy also remain relatively little-known and little progress has been made in Europe-wide cooperation in cataloguing Japanese materials and monitoring European research and publications. Of equal importance is the need to monitor rapid developments in the use of computers for Japanese studies in Japanese institutions. It is essential that Europeans keep abreast of these advances if they are to benefit from them. Finally both the importance of existing and often hardly inventorized resource material in long-established museums and institutions and the enormous continuing growth of information sources on Japan, indicate that the EAJRS might usefully cooperate in world-wide meetings to discuss the most effective means of maxmising cooperation in this important field.

EAJRS Presidents:

Gordon Daniels, University of Sheffield (EAJRS President 1989-92)

Matthias Forrer, National Museum of Ethnology, Leiden (EAJRS President 1993-1998)

Peter Pantzer, Institute of Japanese Studies, University of Bonn (Acting EAJRS President)

Back to the EAJRS Frontpage.

Updated **14.09.1999**
Comments to EAJRS Secretary

発表原稿/梗概の扱いについて

1999.9.7日掲載

EAJRSでは、年次会議に於ける発表の原稿/梗概を、このホームページに公開するという方針を採っています。
この方針に基づき、これまでに提出された発表原稿/梗概のうちの一部を、ホームページ内でご覧になることが出来ます。→Abstractsのコーナーへ（99.9.7.現在工事中）

発表に関する規定・及び発表原稿/梗概/ハンドアウトのフォーマットについて

通常、発表は２０分前後です。その後１０分間の質疑応答時間を設けております。
スライド、OHP、インターネット接続端末、その他の機材を使用しての発表も受け付けております。
ただしこの場合、事前に事務局とご相談の上、使用条件その他についてご確認ください。
使用言語は英語または日本語となっていますが、趨勢としましては英語を使われる方が多数です。
従いまして、日本語でご発表をいただく場合でも、梗概・ハンドアウトは英語でお願いしております。
梗概は、このホームページに発表するものと、会議場で配布するものとがあります。内容は同一です。
原則的には、参加申し込みをされる際、発表のタイトル・使用言語をお知らせいただきますが、それからできるだけ早い時期に、ご発表の梗概を提出いただきます。ハンドアウトも同様です。
ハンドアウトとは、会議でのご発表の際、レジュメとして配布するもののことを意味しています。

分量について、特に規定はありませんが、目安として

　　　梗概：１００語程度　ハンドアウト：Ａ４で５枚程度

をお考えください。

発表原稿/梗概をこのホームページに掲載ご希望の場合は、以下のいづれかの手順に従ってください。

1. E-mail
   この場合、メール本文内に引用でも、添付ファイルでも可（添付ファイルの場合、ご使用のソフトによっては当方で展開できない場合があるので、本文として送付していただく方が助かります）。本文内に引用の場合は、どの部分が掲載を希望される箇所なのか、明記してください。
2. フロッピーディスク
   この場合、可能な限り「テキストファイル」で保存してください。お使いになったソフトウェア、OS名をフロッピーディスクのラベルに必ず明記した上で、EAJRS-Secretary宛郵送してください。

注：お使いのワープロに固有の文字・スタイル・表・グラフ等は、失われる場合があります。ご容赦ください。
3. ＦＡＸ・ハードコピー郵送
原稿の分量によりますが、Secretaryがタイプするかスキャンするかした上で、HTML加工を施し、ホームページに掲載いたします。
注：原稿でお使いの図表・画像・罫線・注等は、失われます。ご容赦ください。

ここに記載された条項は、予告なく変更される場合があります。

ご意見・ご質問その他はEAJRS-Secretary

最新情報に戻る

日本語版フロントページに戻る

Back to EAJRS Front page

Last Update: 07.Sept.1999

10th Annual EAJRS - Conference, Cracow

Programme (17.09.1999)

Wednesday 22 September

13.00 Registration at the Jagiellonian University, COLLEGIUM NOVUM
(Golebia 25, Room No.30)
14.00 Opening
Greeting by Prof. Dr. Mikolaj Melanowicz, Director, Dept. of Japanese Studies, Jagiellonian University
by Prof. Peter Pantzer, Chairman
14.30 Prof. Dr. Mikolay MELANOWICZ, Univ. of Warszaw
-Sienkiewicz and Tanizaki. Literary Relations between Poland and Japan
15.00 Ms. Malgorzata MARTINI, National Museum, Cracow
-Japanese Art in the National Museum in Cracow
15.30 Dr. Bruce Henry LAMBERT, European Institute of Japanese Studies, School of Economics, Stockholm
Ms. Aimee POOR, Helpnet Sweden, Stockholm
-Developing Japanese Resources Network in Europe: Will Improved Communications Kill-off Conventional Conferences?
16.00 *Guided tour of the historical University building, Jagiellonian University COLLEGIUM MAIUS*
17.00 *Invitation from the Jagiellonian University to a welcome drink at the University Club / Cafeteria Convivium*

Thursday 23 September

Special workshop: Children's Literature and its Documentation

09.30 Mrs. Fumiko GANZENMÜLLER, Internationale Jugendbibliothek, München
-Japanese children's and youth literature in the International Youth Library Munich
10.00 Mr. WANAKA Mikio, National Diet Library Tokyo, Ueno Library Branch
-International Library of Children's literature to open in the year 2000
10.30 Tea
11.00 Mrs. Yu Ying BROWN, British Library, Oriental Collections, London
-Children's toys and plays as seen in some rare Akabon in the British Library
11.30 Prof. SATO Satoru, Jissen University, Tokyo
-Akahon Fûryû Nagoya Sanza o meguru mondai ni tsuite
12.00 Mr. KOYAMA Noboru, Cambridge University Library
-The Early Introduction of mukashi-banashi to the West
12.30 Lunch
14.00 Dr. Anna SCHEGOLEVA, Russian Academy of Sciences, Library St. Petersburg
-Taught to fear. Some notes on Japanese modern folklore for children

14.30 Ms. Beata ROMANOWICZ, National Museum Cracow, Far Eastern Department
-Children and their toys in Ukiyoe woodblock prints
15.00 Discussion
15.30 Tea
16.30 *Visit of the Collections at the Centre of Japanese Art & Technology / National Museum in Cracow*
(ul. Konopuickiej 26; appr. 20 min. walk from the Collegium Novum)

Friday, 24 September

09.00 Dr. KUWABARA Setsuko, Japanisch - Deutsches Zentrum Berlin
-Le museé imaginaire from internet
09.30 Prof. Dr. Willy VANDE WALLE, Catholic University of Leuven, Belgium
-Japanese Collection in the Royal Library of Belgium
10.00 Mr. NAKAMURA Mamoru, Ostasiatiska Bibliothket, Stockholm
-Japanese Collection at the Library of Far Eastern Antiquities in Stockholm
10.30 Tea
11.00 Dr. Alexander KABANOFF, Institute of Oriental Studies, St. Petersburg
-Serge Eliseeff's Materials in the St. Petersburg Archives
11.30 Dr. Olga MOROSHKINA, Russian Academy of Sciences, Moscow
-V. Grivnin's contribution to Japanese Studies in Russia
12.00 Dr. F.R. EFFERT, Research School CNWS, Leiden University
-Assignment Japan. Three early 19th century ethnographers collecting for the Royal Cabinet of Curiosities
12.30 Lunch
14.00 Ms. KOIDE Izumi, International House of Japan, Tokyo
-Report on Training Program for Japanese Studies Librarian.
14.30 Dr. CHIKU S. Kakugyo & Mr. MOROYA Koshiro, Kanazawa Institute of Technology, Library Center
-Profile of the data base of Japanese nationals who went abroad and foreign nationals who came to Japan during the late Edo period and Meiji era. (Bakumatsu Meiji-ki kaigai tokosha rainichi gaikoku-jin data base)
15.00 Tea
15.30 Prof. TABUCHI Kumiko & Ms. NAKAMURA Sumiko, National Institute for Japanese Literature, Tokyo
-Databases at the National Institute of Japanese Literature
16.00 Mr. TOMIZUKA Kazuhiko, Diplomatic Record Office, Ministry of Foreign Affairs, Tokyo
-Compilation of the Nihon Gaiko Bunsho on the prewar Showa Period
16.30 Prof. MIYAZAWA Akira, NACSIS, Tokyo
-New Interfaces for NACSIS-CAT: Recent developments on the NACSIS cataloging system
17.00 Mr. YAMAUCHI Takafumi, Chief Reference Librarian, Nagoya Gakuin University Library, Seto
-Quarterly Bibliography of Economics as a Japanese Social Science Bibliography and

       as a NACSIS Database
19.00 *The Traditional Dinner at the Traditional Restaurant*

Saturday 25 September

(All meetings this morning will take place at the Manggha - Centre of Japanese Art and Technology, Ul. Konopnickiej 26)

- 09.00 Mr. Robert PHILLIFENT, Library of Japanese Science & Technology, Newcastle
    - -Japanese technical periodical coverage in Western abstracting sources - Two examples, one each from pure and applied science abstracts.
- 09.30 Ms. NOGUCHI Sachie, East Asian Library, University of Pittsburgh
    - -Electronic Resources on Japanese Literature
- 10.00 Ms. MORIMURA Etsuko, Maison de la Culture du Japon á Paris, Library
    - -The Trials and Tribulations of the Trilingual Collection of the MCJP Library
    - Mrs. MATSUZAKI-PETITMENJIN Sekiko, Institut des hautes etudes Japonaises, College de France, Paris
- 10.30 Tea
- 11.00 Prof. Tim KERN, & Mr. MORI Toshio, International Research Center for Japanese Studies, Kyoto
    - -Nichibunken Library's Children's resources 'Window Shopping in Miyako' (a computer graphics program of the Rakuchu-rakugai-zu) and other data base projects
- 11.30 Dr. Ineke VAN PUT, Catholic University of Leuven, Belgium
    - -Heian Literature on Pictures of Hell
- 12.00 Annual meeting of the EAJRS
- 12.30 Lunch
- 14.00 Guided Visit to the Wawel (Historical residence of the Polish Kings)

(Programme may be subject to changes)

ドイツ語圏日本関係図書館連絡会 (Arbeitskreis Japan-Bibliotheken：アルバイツクライス・ヤーパン・ビブリオテーケン)について：　　　桑原節子(ベルリン日独センター)

発足経緯：
1995年7月：ケルン日本文化会館図書館、ケルン大学日本学科図書室が蔵書目録電子化の際に生ずる技術面の問題の解決と協力を目的に第1回会議開催。
1995年10月：ケルン日本文化会館で開催された第2回会議にベルリン日独センター図書室参加。以降、同3図書館が毎回参加の中心メンバーとなる。年に3乃至2回（1999年以降は年に2回）会議が開かれている。
1999年11月：第13回会議ケルン大学日本学研究室で開催。

現在までの参加者：
デュイスブルク大学東アジア研究所及び大学図書館東アジア部門、マルブルク大学日本学研究所及び同大学図書館日本部門、ベルリン・フンボルト大学日本学研究所、スイスのチューリッヒ大学東アジア研究所、トリア大学図書館日本部門、ハイデルベルク大学日本学研究所、ヴュルツブルク大学東洋学研究所、ミュンヘン・イフォ経済研究所日本部門、ミュンヘン国際児童図書館日本部門、ボン大学日本学研究所、デュッセルドルフ日本領事館日本情報部、ドイツ国立情報処理研究所東京支局等の各日本図書資料担当者。

発足背景：
ドイツ語圏日本関係図書館の間での協力関係・情報交換の不足。
ドイツ語圏日本関係図書館の予算・人員・蔵書規模面での深刻な問題。
日本資料・情報の電子化の発展。

活動：
2度アンケート調査（1995/6、1998/99）。
同結果の小冊子「ドイツ語圏日本関係図書館」(Japanbezogene Bibliotheken im deutsch-sprachigen Raum: ヤーパンベツォーゲネ・ビブリオテーケン・イム・ドイッチュシュプラヒゲン・ラウム) 刊行（1996、1999）。

第2回アンケート調査（1998/99）結果：1999年版小冊子「ドイツ語圏日本関係図書館」：
回答率：69％（アンケート送付機関：90、回答機関：62）
回答機関の内訳：ドイツ語圏日本関係図書館を下記4グループに分類（括弧内その総数）：
1．大学関係：
　1．1．大学の日本を研究対象とした学科、即ち日本学の研究室図書室。（22）
　1．2．直接日本学研究室に属さず経済学研究室、美術史学研究室等の内部に置かれた日本研究部門の図書室及びこれら大学の各研究分野の蔵書を収蔵する大学中央図書館。（15）
2．国立図書館関係：
　2．(ドイツ)国立図書館、即ちベルリンとミュンヘンの国立図書館東洋部門。（2）
　　　特にベルリン国立図書館東洋部門の日本関係資料は、タイトル数20万部を越え、その蔵書数からドイツ語圏で最大規模を誇り、又蔵書歴も17世紀後半（1677）以来と最古。「日本学の中央図書館」
3．研究機関関係：
　3．1．経済・法律学等各専門分野の研究所の日本関係担当部門。（10）
　3．2．美術館・博物館の日本コレクション部門の為の図書室。（7）
4．日本関係機関：
　4．1．国際交流基金ケルン日本文化会館、日独両政府下のベルリン日独センター両図書室（2）
　4．2．ジェトロ等日本経済関係の機関の資料室。（3）

大学日本学科・日本語科図書館22館に於ける1998/99年の司書と蔵書目録電子化状況：
1．司書のポジション：
　　担当者が専任の図書館：4　　担当者が兼任の図書館：18
　　司書の資格：有　5　　　　　無　15　　　　　　　　　　有・無共　2
　　日本語の問題：有　2　　　　無　15　　少々有　3　　　有・無共　2
　　図書担当者が常勤：7　　　　図書担当者が非常勤：12　　常勤・非常勤共　3

2．蔵書目録電子化状況：
　　目録が電子化されている（一部電子化も含む）：　１８
　　電子化を予定中：　２
　　電子化の予定無し：　２（予算・人員の不）
　　目録電子化１８館の内：日本語使用可能なソフト使用：１１
　　　　　　　　　　　その内訳：Macintosh機File Maker Pro：6
　　　　　　　　　　　　　　　　Macintosh機Fourth Dimension：2
　　　　　　　　　　　　　　　　MS-DOS, -Windows機Alegro C：3
　　コンピュータ担当者：目録電子化１８館の内：
　　日本資料担当者自身：１１
　　研究室コンピュータ担当学生・大学のコンピュータ担当者：4
　　日本資料担当者自身とコンピュータ担当学生：2
　　外部コンピュータ専門家：1

1996年度と1999年度の比較：
1）司書のポジション（兼任・常任、日本語知識について96年には質問無し）：
　　担当者の増加：6、減少：1館
2）蔵書目録電子化状況：　　　　　　　　　　1996年：　　1999年：
　　目録が電子化されている（一部電子化も含む）：　9　　　　18
　　電子化を予定中：　　　　　　　　　　　　8　　　　　2
　　電子化の予定無し：　　　　　　　　　　　5　　　　　2

ドイツ語圏日本関係図書館連絡会の協力関係：
蔵書目録電子化の際に生ずる技術面問題の解決・協力。
蔵書目録電子化の際に生ずるその他共通問題（例えばローマ字化、分かち書き問題等）。日本の電子化蔵書目録（ナクシス）との協力。
情報交換：毎会議の初めに必ず参加図書館の近況報告。
図書館或いは日本情報関係のセミナー・会議・研修の内容報告（例えば現在まで日本研究司書研修会）及び関係資料配付。
新しい有用なインターネット・アドレスや参考図書紹介。
相互のレファレンスの際の協力。
重複本・資料の交換。
参加図書館の間で新しい日本語雑誌の電子化総合目録を作成の動き。
1999年11月2-3日：学術情報センター・国際交流基金・同連絡会共催ワークショップ「２１世紀のドイツ語圏での図書館に向けた日本情報」（於：ベルリン日独センター）予定。

「ドイツ語圏日本関係図書館」関係参考資料：

蓮沼龍子：ドイツ語圏日本関係図書館（ケルンの図書室から4）。日独図書館懇談会会報
　　c10-4（39）。東京1996. P.6-7.
蓮沼龍子：ドイツの日本関係図書館と学術情報センターとの接続。日独図書館懇談会会報
　　13-1（47）。東京1999. P.9-10.
Japanbezogene Bibliotheken im deutschsprachigen Raum, Köln/Berlin 1996
Japanbezogene Bibliotheken im deutschsprachigen Raum (2., revidierte Aufl.), Köln/Berlin 1999
樹幸子：「ドイツ語圏日本関係図書館」改訂版。日独図書館懇談会会報13-3（49）。東京　1999. P.7.
Kuwabara, Setsuko; Hasunuma, Ryuko: Working group Japanese Libraries in the German Language area.
　　in: EAJRS-Conference in Würzburg, Sept. 1996 (unprinted manuscript).
Kuwabara, Setsuko:Computereinsatz in Japanbibliotheken: Erfahrungen mit Apple Macintosh und Japanisch.
　　in: Workshop: Informatisierungsstrategien für die Japanforschung. Japanische Datenverarbeitung und Computereinsatz in der deutschen Japanforschung. Bonn, 6.-7.März 1997
同ワークショップの基調報告は1999年秋以降ボン大学から出版の予定。
桑原節子：ドイツの図書館おける日本情報の提供。「日本情報の国際共有に関する研究・平成10年度報告」（研究代表者：井上如、学術情報センター）東京1999. P.157-167.

海外における日本資料提供のネットワーク化

イギリスの協力活動の現況

Hamish A. Todd
British Library

1) Japan Library Group

日本専門関係ライブラリアン及び財政が比較的に少ない英国において、日本図書館の間の協力が非常に大切です。このため、イギリスの日本図書館グループ (Japan Library Group 省略 JLG) は1966年に創設されました。最初の6館のメンバーが現在23館（40人余）に増えました。JLGの具体的な目的と言えば：
- 各メンバーの相互の情報交換の場とすること、
- 日本研究用の蔵書を増やすため、限られた財源を有効に利用すること、
- ライブラリアンとユーザーの間のコミュニケーションを円滑にすること、です。

最初からグループは資料収集の合理化のため共同プロジェクトに力を入れました。1968年に Checklist of Japanese periodicals held in British university and research libraries[1] という英国大学・研究図書館蔵の日本語学術雑誌総目録を完成しました。人文社会科学及び科学技術関係の逐次刊行物は、2,249のタイトルを含んでいます。1976-1977年に出版された第二編には総計は約6,000に増えました。この増加率は、初版が出版されてからJLGのメンバーは、欠けているタイトルやギャップを埋めようとしたからです。

逐次刊行物だけでわなく、モノグラフに対しても収集協力が望ましかったので、田中角栄首相が寄贈した「田中基金」の金融援助のおかげで1974年共同収集システムを始めました。参加者は大英図書館、ロンドン大学、オクスフォード大学、シェフィールド大学の4ヶ所の図書館でした。もちろん、機関と学習課程の内容によってそれらの収書方針や分野は違っていましたが、共同収集システムの対象となったのは、各図書館が自分の予算で買った図書の範囲外の望まれる余分でした。各図書館の収集の専門分野に合わせながら受持ちの分担を決めて資金を等分に分けるというやり方でした。このシステムの基本の目的は、できる限り重複を排除し、必要な書物をなるべく幅広くカバーしていくことにありました。残念ながら、このシステムは、いわゆる「田中基金」への要求の急増、基金の利息の減少等のため1992年に中止されましたが17年を経て、英国の日本図書の収集に測り知れない影響を与えました。

最近、JLGの主な協同活動は、英国日本書籍総合目録ですがこれは後で説明します。

JLGは、年に二回春と秋に定例会議を開きます。会議は情報交換を目的とし、各メンバー図書館における発展と問題が紹介され、日本側の関係機関の技術的発展その他が話題になります。なお、この会議のほかに、JLGのメンバーは、情報交換、レファレンスなどのため、lis-jpという電子メール・グループを設立しました。

---

[1] Carnell, Peter (ed.), *Checklist of Japanese periodicals held in British university and research libraries* (Sheffield University Library, 1st edn. 1968; 2nd edn 1976).

2) 大英図書館

大英図書館 (British Library、省略 BL) はイギリスの国立図書館であり、大英博物館の図書館とほかの図書関係機関の合併によって、1973年に設立されました。その全蔵書は、図書 12,000,000 冊を始め、写本 293,000 点、新聞 651,000 冊、レコード、楽譜、切手、写真、絵画、特許等を含めます。

日本関係の資料は主に三つの部門に収集されています：
- Oriental and India Office Collections (東洋・旧インド省コレクション、省略 OIOC)
- Science, Technology and Business (科学・技術・商業部、省略 STB)
- Document Supply Centre (文献供給センター、省略 DSC)

東洋・旧インド省コレクションは、元の大英博物館図書館の東洋コレクションと東インド会社と政府のインド省の記録と書籍からなっています。その日本語コレクションは、有名な古書・写本を始め、人文・社会科学関係を中心として、図書を 70,000冊、写本 300点、雑誌 5,700 タイトル（その内、現在も継続されているのが学術雑誌600点、政府刊行物1、000点）含めます。

OIOCの日本関係のレファレンスは、年間平均 1,000件を越えます。その内、直接にユーザーから来るレファレンスと、BLのほかの部門または別の機関から廻されたレファレンスを含めます。利用者は、研究者、大学職員、大学生が主ですが国立図書館ですから一般の国民からのレファレンスも少なくないです。

STBは、科学の各分野、技術、商業と特許を収集し、その内日本語の資料も入っています。現在、日本語の逐次刊行物のカレント・タイトルは 1,800点です。

この二つの部門の現代の日本関係コレクションの発展にとっては、日本との協力が大きいな役割をはたしました。即ち 1951年の日英政府の間の交換協定に基づいて、国立国会図書館が大英図書館に政府刊行物、大学の出版物などを送ることになって、近代日本各分野の研究に非常に大切な資料集となっています。しかも、BLだけではなく、イギリス国内の各日本語図書コレクションの発展を考えますと、国際交流基金の図書寄贈プログラムを始め、日本の政府、学術機関、企業及び個人の寄付者の援助は測り知れない貢献を忘れられません。

DSCは、1973年に大英図書館の「北の分館」として発足しました。主な機能は、日本を含む世界中の科学文献を収集し、貸し出しやコピー・サービスを提供しています。BLのコレクションのみならず、大学図書館・専門図書館の協力を得て、ILLサービスを行っています。DSCは現在、日本語の逐次刊行物は 2,000タイトルを扱っています。

イギリス国内や外国から寄せられて来る要請は、年間4百 28万件です。その内85%は満足のいく答えを返しています。DSCの東洋部に廻される日本文献に対する要求は一日平均150件です。DSCは、大英図書館の中で自身の収益で運営しているただ一つの部門です。イギリスの日本向けのILL請求もDSCが行いますがその数が比較的に少ないです。なお、最近イギリスの大学図書館は、NACSIS、早稲田大学などの機関が提供しているILLサービスを利用するようになりました。

BLは、その広範なコレクションの保存や修復を強調しています。そのため、専門の修復家を約20人が雇用されています。この内、敦煌文書、日本の古書、東洋の各地方の資料の保存と修復の知識と経験を持っている職員もいます。なお、国立国会図書館を始め、日本の図書館とBLの間の保存・修復に関して情報交換・相互研修等が行われています。

3) 英国日本語出版物総合目録

90年代以来、英国の学術図書館においてどこでも機械化が進み、各機関では、目録のコンピュータ化が企画されましたが和書の取り扱いが難点となりました。ある大学や研究機関では、ローマ字表示のみのOPAC提供で良いとしましたが日本語表示が必要とする場合、その図書館のメーン・システムと別個の日本語表示可能なシステムを開発しなければならないことが早い時点から明らかになりました。

この問題を背景にして、イギリスの日本語出版物総合目録プロジェクトが生まれました。1989年、学術情報センターと大英図書館の間で専用回線が開通され、同年9月のベルリンで開かれたEuropean Association of Japanese Resource Specialists (EAJRS)の創立会議で、ケンブリッジ大学図書館の小山騰氏が日本語表示のコンピュータ・ユニオン・カタログの提案を出しました。この提案に対して、NACSISは、これをその事業の国際展開の一つとしてプロジェクトを積極的な協力と技術的な援助を約束しました。なお、JLGの25年にわたる協力体制の基盤がなかったらこの共同プロジェクトは、成功・継続し得なかったと思われます。

ここでプロジェクトの技術的な開発の経緯を詳しく説明したくないと思いますが1990-1995の5年間の開発段階には、イギリスから専用回線（現在Ethernet）経由でNACSIS-CATのレコードを利用して英国の和書総合目録を作成する目的を達するようにしました。最初から参加した機関は、大英図書館、オクスフォード、ケンブリッジ、シェフィールドとスターリング各大学でしたが最近ロンドン大学のSOASと国際交流基金ロンドン日本語センターも加盟しました。NACSISの測り知れない、多大な技術的なアドバイスと開発援助を始め、Higher Education Council for Education (HEFCE)という英国政府基金及び大和日英基金の援助のおかげで、現在、モノグラフと逐次刊行物を合わせて約140,000件のレコードを含む総合目録を作成することが出来ました。目録のデータは毎週NACSISからのftpにより更新され、別紙の通り、7種の方法で利用出来るようになっています。この7種の方法の内から利用者のIT環境に最も適当なフォーマットを選択し、英国内の日本語の学術図書を検索できるようになりました。

総合目録の開発と同時に、各参加図書館内の日本語表示目録の開発も取り組むことが必然的であるとわかってきました。採用されたAllegro-Cシステムは、ドイツで開発されたもので、現在ヨーロッパの学術図書館で広く利用されています。しかし、このシステムをCJK目録を作成するための開発に当たって、オクスフォード大学のボドリアン図書館のDavid Helliwell氏が尽力しました。

Allegro-Cがオクスフォードで導入されて以来、次々と他の学術機関もこの対応性のある、使いやすいシステムを採用して和書のOPACを作ることにしました。これらを支持するためAllegro Users Groupが作られ、その会合は、メンバーが情報交換・問題解決・編成規則の決定などの相互協力のフォーラムとなっています。

この総合目録の開発は、イギリスの日本図書館の協力の結果で、将来、各図書館の活動にとって、資料収集、レファレンス、資料提供などの面で、大変役に立ちます。

H.A.Todd
平成12年1月3日

UK Japanese Union Catalogue Project

The UK Union Catalogue is available via ithe Internet in a number of versions:

1) Web Catalogue (Japanese script)

   URL: http://juc.lib.cam.ac.uk

2) Allegro Web Catalogue (Japanese script)

   URL http://www.bodley.ox.ac.uk/dept/ oriental/allegro.htm

3) Web Catalogue (Romanised)

   URL: http://www.lib.cam.ac.uk/cgi-bin/japanese-keyword-search

Holdings of UK libraries registered to NACSIS-CAT as at 10 Jan 2000:

	a) Monographs	b) Serials
Oxford	44,873	1,158
Cambridge	38,512	1,235
SOAS	19,453	840
British Library	15,345	1,280
Sheffield	7,856	0
Stirling	3,804	0
JF Language Centre	1,761	18
Total	168,277	4,531

日本関係資料に関するオーストラリア国内の協力の現状と展望

（1）資料収集
   1）NLA／National Library of Australia の現在のコレクション
   2）NLA の日本関係の資料収集方針
     ANU との分担収集

（2）総合目録 The National CJK Service ／
     CJK online　国内総合目録
   特徴　1）入力
     2）検索および結果表示
     3）参加館
     4）将来の予定

（3）資料提供、　ILL
   NLA は主に資料提供側。　国内の ILL システムの中心的存在。
   資料提供課・Document Delivery Service を通して3種類の速度別サービス。
   国内外両方からの資料請求に対応。

（5）資料保存
（6）研修

（7）情報交換
   JARLGA ／ The Japanese Library Resources
    Group of Australia

   Monash University の司書である坂口さんが、第1回のこの司書研修に参加したことがきっかけとなり、JARLGA が発足。オーストラリアの日本学学会の コンフェレンスで、図書館からのセッションを開くようになった。
   （1997年の学会より）

日本関係資料に関するオーストラリア国内の協力の現状と展望

(1) 資料収集

NLA の現在のコレクション

NLA の日本関係の資料は、日本およびアメリカ合衆国でのコレクション以外では、有数のコレクションであり、図書資料 7 万タイトル、雑誌・逐次刊行物 4500 タイトルあまりを所蔵します。

ヨーロッパ、アメリカなどの国々については、おもな重点収集方針からはずされ、そのぶん、オーストラリアの出版物をより網羅的に集めていくことの重きが置かれています。

ただし、アジア（日本、中国、韓国、インドネシア、タイなどの地域）については、これからも、重視していく予定。

NLA の現在の日本関係の資料収集方針

私の所属するアジアンコレクションの日本語課では、日本語で書かれた資料の収集を担当。
1) 社会科学及び近代以降の日本史
（日本語、人文科学、文学、近世までの日本史を ANU/ Australia National University が担当）
2) 科学技術、工学、医学関係の逐次刊行物
3) 政府刊行物および新聞　　　NDL より寄贈交換プログラムで頂いている政府刊行物が非常に重要なコレクションで、利用頻度も高い。
4) オーストラリアーナ　　　　オーストラリアについての日本での出版物
　　　　　　　　　　　　　　（日本から見たオーストラリアを捉える出版物）

(2) 総合目録　　　　　The National CJK Service
　　　　　　　　　　　CJK online　国内総合目録

NLA が中心となって企画し、INNOPAC に作らせたプログラム。
1996 年よりサービスを開始。
特徴
1)　　日、中、韓 3 カ国語のコレクションのデータを 1 つの入力ソフトでデータベース上に入力できる。検索も、ローマ字、およびオリジナル言語のどちらを使っても行え、その画面スイッチも即時にできる。

2) 22 館が参加。主要なオーストラリア国内の日本関係コレクションを網羅して

いる。
(内訳：NLA、15大学図書館、その他6つの図書館)
3) 将来 (数年後) には、オーストラリアの一般総合目録である Kinetica (もと ABN/ Australian Bibliographic Network) と1つになる予定。
問題点
1) 総合目録であるが、NDL, OCLC などのレコードを買ってダウンロードして、書誌情報として載せている関係から、所蔵記録 (holding) のない、書誌情報が」多すぎて、利用者にとっては、見にくいし、混乱をまねきやすい。
2) 日本語のみのための入力ソフトでないので、入力が (日本語のみのソフトに比べて) 使いにくい。

(3) 資料提供、ILL
利用者が先述の CJK online 国内総合目録または、OPAC を使って検索し、依頼を出すと、NLA は、国内の ILL ネットワーク参加館および OCLC その他の海外図書館に対して、その依頼に応じています。
館内の DSS/ドキュメントサプライのセクションを通して、サービスしています。
科学技術系の雑誌のコピー依頼や、社会科学関連の図書の貸し出し依頼が多く、全体で平均月80－140件あります。アジアンコレクションのなかでは、ほかの言語とくらべて、日本語課に対する ILL 資料請求が一番多いです。なお、日数ですが、依頼が届いてから、最高3日以内には、必ず発送されます。
支払いはオーストラリア通貨でなく、IFLA のバウチャーを使っておこなうことできます。

(7) 情報交換
第一回海外の司書向け研修に参加した、オーストラリア、メルボルンの Monash 大学の司書坂口さんの発案で、EALRGA のサブグループとして、JALRGA が発足しました。ニュースレターも、EALRGA のニュースレターのなかで、JALRGA のセクションを独立してもつようになりました。

＊EALRGA ＝ East Asian Library Resources Group of Australia
＊JALRGA ＝ The Japanese Library Resources Group of Australia

また、1997年のオーストラリアの日本学学会/JSAA から、図書館司書によるセッションを設けるようになりました。これに影響されて、中国語および韓国語のコレクションの司書たちも、それぞれの学会 (中国学学会、韓国学学会) のコンフェレンスに参加し、同様の

図書館司書によるセッションをもつようになってきています。

なお、オーストラリア国内(およびニュージーランドのオークランド大学)の主要な日本語コレクションの司書たちは、すべてこの研修に参加できたので、JALRGA全体の意識が大変高まり、ネットワークの必要性、研修の必要性、協力の必要性に対する考えを共有でき、意識の高いグループに成長しつつあるように感じます。

その意味で、オーストラリアの日本語コレクションに対するこの研修の影響は、非常に大きいです。

＊JSAA ＝ Japanese Studies Association of Australia

篠崎まゆみ
日本語課司書
アジアンコレクション
オーストラリア国立図書館
Librarian
Japanese Unit
Asian Collections Section
National Library of Australia

韓国の国立中央図書館における日本資料について

李　在善
(国立中央図書館　支援協力課)

　国立中央図書館は1945年10月15日の設立以降,韓国内で発行される文献を網羅的に収集し提供する役割を担当してきました。国の中央図書館として最も重要な機能は国内資料の納本による収集でありますが,納本以外にも購入,交換,寄贈を通じる収集を行っています。1999年末の総蔵書量は約345万冊で,前年比26万冊が増えました。そのうち,日本語で書いてある日本資料は202,000冊であり,全体蔵書の約6%を占めています。我が図書館に所蔵されている日本資料についての内容は次の通りです。

1. 収集
1.1 購入による収集
　日本資料は大部分購入によって収集しています。購入に関する業務は資料組織課で行っています。年間資料購入費は約1億5千万ウォン（Korean money unit）で,全体の資料購入費の約13％を占めています。担当職員は司書1人,臨時職員1人が担当しています。業務の中,資料供給契約は庶務課の経理係で担当しています。
　資料選定のためのツールとしては,日本全国書誌,出版社の目録,図書流通センターのweb上の販売目録,専門書店であるアジア文庫の販売目録,新聞の新刊案内,専門機関・研究所の出版目録を使っています。選書は館内職員36人,館内の各分野の専門家など76人で構成された外国資料選定委員会が行っています。選書の基準は日本で出版された資料の中で韓国に関する物を中心にしています。選書から発注処理までの一連の過程は電算化されています。購入方法は国内の外国図書取扱店を通じて購入しています。年間資料購入量は図書約3000冊,雑誌約15タイトルです。

1.2 交換による収集
　国立中央図書館は国立国会図書館をはじめ,日本内の22館および機関との資料交換を行っています。その機関との資料交換は,1999年度は雑誌410タイトル,図書924冊を収集しました。特に,交換資料中,国立国会図書館との協力による自国で発行された相手国関係資料の交換は正確な書誌事項に基づいて短期間に収集していますので,資料交換の成果は高いです。

1.3 寄贈による収集

　資料寄贈は計画による収集ではないのですが，時には重要な資料を獲得する場合もあります。我が図書館には，日本で出版された，韓国人と日本人，人権，文化交流史，日本の原爆被害に関する図書を受贈して文庫として運営されている，約 1200 冊規模の，「広島青丘文庫」があります。日本の青丘文庫会員が資料を集めて送る方法で文庫は続いて成長しています。昨年は 164 冊の資料を受贈しました。

2. 総合目録

　国内の図書館に所蔵されている外国資料に関する目録として「外国図書綜合目録」と「外国学術雑誌綜合目録」，2 種類を挙げられます。「外国図書綜合目録」とは国内に所蔵されている外国図書について，国立中央図書館が 1971 年から 1997 年まで毎年発刊した総合目録です。この目録は大学図書館を中心にして，契約を結んだ会員図書館が自館の目録を 1 枚ずつ国立中央図書館に提供したものを基礎にして編纂されたものです。しかし，1996 年にいたって会員図書館のオンライン目録が完成されて，さらに韓国教育学術情報院（KELIS，当時は先端学術情報センター）で国内の大学図書館との綜合目録構想が具体化されて，外国図書綜合目録の発刊も実効性が微弱になって発刊が終わりました。「外国学術雑誌綜合目録」とは韓国内の外国雑誌に対して，韓国学術振興財団が人文・社会科学編を，産業技術情報院が科学技術編を発刊したものです。今は DB で構築されてオンライン検索ができます。なお，国立中央図書館は国家電子図書館事業の運営機関として，国会図書館、法院図書館、ソウル大学図書館、研究開発情報センター、産業技術情報院、韓国教育学術情報院等 6 図書館と共同に電子図書館を運営しています。(http://www.dlibrary.go.kr) また、我が図書館のホームページ上で国内の公共図書館 143 ヶ館の蔵書に関する綜合目録を提供しています。そこには日本資料も含まれています。(http://www.nl.go.kr)

3. 資料提供・ILL

　国内における相互貸借はあまり発展されていないと思いますが、オンライン綜合目録が構築されるにつれて、国内の相互貸借もだんだん活気を帯びるだろうと思います。我が図書館の資料貸借は原則にできませんが、原文複写サービスは郵便やファックス、或いはメールによる申込みを受け付けます。原文複写サービスの場合、海外からの申込みに対して料金の支払いは、国際図書館連盟（IFLA）の Voucher と国際郵便小切手でできます。

4. レファレンス

　日本資料の整理は資料組織課で担当しており、分類は「韓国十進分類表（KDC）」、目録

はKORMARC (Korean Machine Readable Catalog)に基づいて行っています。目録の標目部分はヘボン式ローマ字に翻字しています。端末機での検索は韓国語とローマ字,両方できます。KORMARCによって整理された資料は週一回ずつ更新されており，去年末からは統合システムで変換された新しいOPACシステムである「KOLIS」を通じ，統合的な検索が可能になりました。

我が図書館のレファレンス業務は情報奉仕室の司書3人が行っています。日本資料についての問合わせは，1ヶ月につき平均約80件ぐらいで，目録検索に関する質問が最も多いです。従前は，オンライン目録が作成されていない遡及資料の目録を検索するとき，書名や著者名をローマ字で翻字したカード目録で検索しなければならなかったので，翻字についての、特に、人名の読み方に関する質問が多かったです。最近、情報検索のためにはインターネットをよく使っていますが、検索の時、使う文字はローマ字ですからヒット率はまだ低いです。

5. 保存

外国資料ですけど、韓国関係資料は準貴重本になって保存施設が備えている書庫に保存されています。資料消毒は年間2—3回、館内全体にわたって実施していますし、特に、書庫に対しては、一層強化されたガス消毒を行っています。

媒体変換による保存としては、1945年以前に出版された資料の中、韓国関係資料は1998年からマイクロ・フィルム製作を進行しています。デジタル化された資料のなかには、旧韓国官報及び朝鮮総督府官報164冊が、貴重本のうちに日本語で書いた本41タイトルが画像で処理され、各各の本文データベースになりました。

6. 研修

日本資料に関する専門家のための研修は行っていませんが、職員の日本語に関する素養を育てるための教育として館内に日本語講座を開設しています。その他、日本国際交流基金で実施している海外司書日本語研修プログラムには、現在まで5人が参加しました。

7. 情報交換

情報交換と効果的なサービスのためには，日本資料を専担する職員の配置が先決要件だと思います。また、国内日本資料総合目録作成も必要だと思います。

だんだん多様化・専門化されていく利用者の情報ニーズに、積極的に対応するためにも今後、国内における日本資料の担当司書の間に会合やメーリングリストなどを運営して、世界的な日本研究司書のネットワークに連結されるように努力します。そのためには国立

中央図書館が役立てる役割を担わなければならないと思います。

国立大学図書館における国際協力

Internationl Cooperation of the National University Library

笹川　郁夫（Ikuo　SASAKAWA）

東京大学附属図書館

Director,General Affairs Division, University of Tokyo Library System

1. はじめに
2. 国立大学図書館における国際 ILL（BLDSC）
3. 九州大学附属図書館における SEAMIC 事業
4. 熊本大学附属図書館からハイデルベルグ大学への資料譲与
5. CULCON 情報アクセス WG
    － ドキュメントデリバリー・サービス －
6. 国立大学図書館協議会－国際情報アクセス特別委員会－
    6.1 日米 DDS サービスの改善に関するラウンドテーブル
    6.2 日米 DDS アクションプラン
    6.3 日米 DDS 試行実験プラン
7. 今後の課題

ABSTRACT

　国立大学図書館における国際協力活動は、学術情報センター（NACSIS）の書誌ユーティリティの構築を柱として、SINET の整備を含めた NACSIS の事業展開による情報環境の変化の中で、ILL システムの全国展開と BLDSC とのシステム接続により大きな進展を見てきた。また、九州大学医学図書館においては、東南アジア医療情報協力事業として ILL 事業を積極的に展開している。熊本大学附属図書館においては、重複資料の有効利用を図るため、国際交流の一環としてハイデルベルグ大学へ資料譲与を行ってきた。

　現在の活動状況としては、国立大学図書館協議会において CULCON 情報アクセス WG の提言を受け、日米間におけるドキュメント・デリバリー・サービスの改善に向けて、米国 NCC(National Coordinating Committee for Japanese Library Resources) とのアクションプランに基づき DDS 試行実験を行うべく準備を整えている。

　今後は、国際的な標準規約のもとに知的財産の共有化へと一層の国際的な相互運用性の確保が必要となる。また、国立大学図書館運営にとって、国際化に向けた新たな DDS の改善が重要なポイントとなる。

International cooperation of the national university libraries

ABSTRACT

      Through the changes of information environment occurred by development of NACSIS services including construction of SEINET, international cooperative activities of national university libraries showed great progress. For this progress, nation wide development of ILL system and system connection to BLDSC, based on the construction of bibliographic utility by NACSIS, played the key role.For instance, Medical Library of Kyushu University run ILL service actively as a part of the project of South-east Asian Medical Information Center (SEAMIC).
Kumamoto University Library have been transferring materials to Heidelberg University as a part of international exchange and for effective use of duplicated materials.

      At present, suggested by CULCON Information Access Working Group, ANUL is preparing to start Pilot Project for Improving Document Delivery Service between Japan and U.S., based on "Action Plan" agreed with NCC (National Coordinating Committee for Japanese Library Resources) of US.

      In the future, common use of intellectual property based on international standard agreement and continuous establishment of international library services would be necessary.Addition to that, further improvement of document delivery service would be the center point to manage national university libraries.

1．はじめに
　国立大学図書館における国際的な相互協力活動は、1969年の日米大学図書館会議に始まり、これまで様々な制約の中で議論がなされてきた。

　また、各大学図書館は大学が発行する紀要類を海外学術機関と Exchenge を行い国際学術交流を行ってきた。その一方で、ILL についてはマニュアル処理で細々と処理されてきたが、1992年に学術情報システムの拠点である学術情報センター（NACSIS）が、目録所在情報サービス（目録システム［NACSIS-CAT］）に続き（図書館間相互貸借システム［NACSIS-ILL］）事業をスタートさせたことにより、情報アクセスおよび情報流通の変化が訪れた。さらに、SINET の整備により、国際アクセスの道が大きく開かれた。

2．国立大学図書館における国際ILL（BLDSC）
　国立大学図書館における国際ILLは、1976年12月1日に文部省から「英国国立図書館（British Library）貸出部（Lending Division）＝BLLD」の文献複写サービスの利用について通知を受け、文献複写専用のクーポンを購入することで活動が開始された。

　その後、英国国立図書館は、英国図書館原報提供センター（British Library Document Supply Center=BLDSC）を設立し、1994年には NACSIS との ILL 接続サービスを開始し、国立大学図書館との間に新たな国際 ILL がスタートした。平成6年度は、BLDSC への複写・貸借の依頼合計が 1,259 件であったのに対し、平成10年度は、5倍以上の 6,713 件と急激な伸びとなっている。

　また、国立大学図書館の海外からの文献複写受付件数は、平成5年度 9,713 件に対し、平成9年度は、11,245 件と増えている。

3．九州大学附属図書館における SEAMIC 事業
　九州大学附属図書館医学部分館では、1988年1月より、東南アジア医療情報センター事業（外務省補助事業）のうち、アセアン諸国医学研究者等に対する医学雑誌コピー無償サービス実施のため、財団法人日本国際医療団の東南アジア医療情報協力事業（SEAMIC）によるインドネシアほか東南アジア5ヶ国の大学や研究機関への医学文献の複写サービスに連携し、全面的な協力でこれを支援している。

平成9年度における同事業の実績は、総受付件数で前年度比6.9%増の20,336件で、その内53%の10,766件を九州大学内で処理、40%にあたる8,236件を他大学等への依頼によりサービスを行っている。

4．熊本大学附属図書館からハイデルベルグ大学への資料贈与
　熊本大学附属図書館では、保存スペースの狭隘化対策の一つとして、指定図書制度に基づき複数購入した図書および重複所蔵の図書を抽出（約1,200冊）の資料の有効利用を図るため国際交流の一環として、ドイツ・ハイデルベルグ大学日本学研究室に対し、資料の譲与を行った。

　国立大学図書館協議会では、学術情報の国際流通の促進および海外への情報発信が叫ばれている中で、学術および文化のための必要な無償譲与を国際交流を促進する事例として取り上げ、今後の相互協力活動の一つとして進めることとした。

5．CULCON情報アクセスWG　－ドキュメント・デリバリー・サービス－
　日米文化教育会議（The United States-Japan Conference on Cultural and Educational Interchange＝COLCON）は、1995年第17回会合の中で情報アクセスWGを設置し、1）日本書誌データベース、2）政府、行政情報、3）ドキュメント・デリバリー・サービス、4）日本語を取り扱うユーザーのための研修プログラム、5）日本語テキストの非日本語OSハード上での解読、6）新聞・雑誌記事索引、7）日英翻訳、以上7つの行動指針につき、日米双方からその後の進展を報告し、相互に確認すると共に、今後の取り組みを協議した。

　その結果、3）ドキュメント・デリバリー・サービスについては、重要課題として、国立大学図書館協議会「国際情報アクセス特別委員会」で問題の解決策を検討することとなった。

6．国立大学図書館協議会　－国際情報アクセス特別委員会－
　国立大学図書館協議会は、国際的な学術情報発信の機能強化を図るべきことが指摘されていることと、CULCON情報アクセスWGの提言の中でも日米両国間の図書館、情報サービス機関のドキュメント・デリバリー・サービス

(Document Delivery Services=DDS)の改善が要求されていることを踏まえ、これらの要請に応えて行くために国際的な情報アクセスに関する問題を解決するための具体的方策について早急に検討を進めるべく「国際情報アクセス特別委員会」を設置した。
（検討事項）
　　（１）日米両国の大学図書館におけるドキュメント・デリバリーの改善
　　　　①日本国内から米国への学術情報アクセスに関するニーズ調査
　　　　②国立大学図書館協議会図書館情報システム特別委員会「次期システム専門委員会」における文献画像伝送システムの完成に伴う国内での小規模実験
　　　　③米国側日本語情報アクセス・グループ（NCC）との情報交換
　　（２）国際ILLに対応した国立大学図書館協議会における「規約」等の整備
　その他、国際情報アクセスに関する諸問題

6.1 日米DDSサービスの改善に関するラウンドテーブル
　　国際アクセス特別委員会では、日米間のドキュメント・デリバリー・サービスの改善を図るため、国際交流基金日米センターの協力の基に、国公私立大学図書館協力委員会と共催で、１９９９年２月8-10日の日程で米国側から7人の参加を得て五つのセッションと総括セッションを設定し、日米におけるドキュメント・デリバリー・サービスの現状と課題など具体的な検討を行った。

　日本側での情報提供上での問題点としては、海外との料金決裁処理や著作権処理などの対策が講じられなければならない問題があり、解決へ向けて検討することが確認された。

　また、米国との違いはドキュメント・デリバリー・サービスの体制が、異なっていることである。米国においては、個人（ユーザー）が直接各図書館に申し込みができる形が出来ている。一方、日本では各図書館間でのデリバリーが中心となっている点も今後の重要な検討課題であろう。

6.2 日米DDSアクションプラン
　　日米ラウンドテーブルの総括セッションでは、日本側で開発した「文献画像システム」などの電子ドキュメント・デリバリー技術のテストを通じて、研究者および図書館間の情報アクセスの改善を図るための試行実験プロジェクトを設置し、日米両国間の現状の理解を更に促進するとともにペンディングの諸

問題の解決を図ることとした。(別紙参照)

6.3 日米 DDS 試行実験プラン
　日米間の DDS メッセージ交換およびドキュメント伝送の基本方式などを試行実験プランとして、米国側に提案を行っているが、基本的には日本側で開発したミノルタ社製の EPICWIN システムと欧米で流通している RLG 社製の ARIEL システムとのメール交換方式で行い、試行実験評価を 2000 年 3 月とした。

7．今後の課題
　上述したように、NACSIS の国際事業と大学図書館の国際協力活動は、密接な連係の基にさらなる発展を遂げようとしている。国立大学図書館が国際協力活動を進めて行く上で最も大きな課題は、BLDSC 以外の海外機関との料金決裁と著作権の処理である。

　現在は、BLDSC 以外の海外機関から直接文献複写依頼を受けた場合、1件毎に国の会計法に基づいた納入告知書を作成し、相手機関はそれに基づき料金を国庫に納入する必要がある。海外機関の場合、日本銀行の本・支店、代理店または歳入代理店が海外にないこと、海外の銀行からこれらに対して送金する方法（銀行振り込み）を取る場合、送金先（振り込み先）口座がないことなどから直接料金を納入することが困難であるからである。

　日本を含むそれぞれの国が「ドキュメント・サプライ・センター」のような料金決裁処理および著作権処理機能を有する機関の設置が望まれるが、俄かに解決は難しい。

　著作権処理については、海外の大学図書館等において基本的にはフェアユースの概念の基に運用がなされているようであるが、日本では、複写権センターと国際機関との連携が未だ確立していない。そして、学術情報をネットワーク上で交流して行くための「公衆送信権」の問題もある。

　国立大学図書館協議会では、国公私立大学図書館協力委員会と連携をとりながら、日本複写センターとの懇談を3月に行い、7月には学術著作権協会との懇談を行っている。今後は、懇談を重ね学術文化の交流を促進するための望ま

しい解決が図れればと考える。

　国際協力を進める上での技術的な課題として、国際的な ILL プロトコルの採用の問題がある。米国では、OCLC および RLG の各 ILL システムに ISO の ILL プロトコルの実装に取り組んでいる。

　NACSIS では、この問題を解決するために、「日米両国間におけるドキュメント・デリバリー・サービスの改善に関するプロジェクト」を立ち上げ、RLG および OCLC の各 ILL システムと NACSIS-ILL システムとを、ISO の ILL プロトコルを用いてシステム間の相互利用を実現するための検討がなされている。なお、このシステム間相互利用の実現に当たっては、英国原報提供センター（BLDSC）をも視野に入れて問題の解決に取り組んいる。
　こうした、新たな技術開発の進展に対し、さらなる国際的な学術情報交流の発展が期待される。

Proposal: A Pilot Project for Improving DDS between Japan and U.S.

PURPOSE

To implement a pilot project in order to improve information access for scholars and researchers between the two countries by testing electronic delivery technologies.

The project will promote better bilateral understanding of the existing situations on both sides, as well as the attempts to solve the pending problems and issues.

TYPE OF SERVICES

Non-returnables

MATERIAL TYPE

Journal articles, book chapters, etc.

SUBJECT COVERAGE

All subject areas. (Not all libraries may be able to provide all subjects areas.)

PARTICIPANTS

U.S.　: up to 10 libraries

JAPAN: up to　5 libraries

Participant libraries on either side will be agreed upon by the time this project starts.

TIMELINE

July 1, 1999 – March 31, 2000

REQUESTING

Details of requesting methods will be agreed upon by both sides by the time this project starts.

Representatives of both sides shall request the bibliographic utilities of respective country to implement the ISO ILL protocol.

DOCUMENT TRANSMISSION

U.S.　: Participants will send documents via Ariel as MIME attachments and will receive via Ariel.

Japan :Participants will use Epicwin or Ariel both for sending and receiving materials.

VERIFICAITON

All requests are to be verified to confirm that the library receiving the request should own the material.

All requests are to include a reference number such as ISSN, ISBN, Webcat number, OCLC number, etc.

Participants should exhaust known locations in their own country before sending a request.

PAYMENT

Representatives of both countries shall seek to realize an arrangement by which no fee incurs on participants of both sides, and shall reach an agreement on this issue or on the method of payment by the time this project starts.

PENDIG ISSUES AND ROBLEMS

The following issues and problems pending shall continue to be attacked on both sides separately or jointly. The Japanese side will attempt to reach a solution of the issues 1) and 2) by the end of this project.

1) Method of payment of fees deemed necessary
2) Issues of copyright
3) Ways to prevent requests from concentrating on particular institutions
4) Promotion of retrospective conversion
5) Ways to globalize the DDS
6) Other issues and problems, technical or otherwise, arising out of, or discovered during this project

OFFICIAL CONTACT

U.S. :National Coordinating Committee for Japanese Library Resources
Japan :Association of National University Libraries
Contact persons will be agreed upon by both sides by the time this project starts.

COMMUNICATION

U.S. :NCC/ARL Japan Project web page(in process)

Japan : Association of National University Libraries web page
(URL: http://wwwsoc.nacsis.ac.jp/anul/)

EVALUATION AND PHASE TWO

In April, 2000 both side will review the project. Assuming a positive evaluation, the project will be renewed for a second year with a view to launch a full-scale operation swiftly. The evaluation shall include tracking transactions of non-returnables of the project. Year two may include additional participants on both sides and the pilot study of potential volume of transactions of returnables. Items for evaluation of this project as well as the timing of the eventual inclusion of returnables are subject to further discussions by both sides.

AAU/ARL Global Resources Program
Japan Journal Access Project

Name of Library/Organization	University of California, Berkeley
Abbreviation	UC4
OPAC address	
Division in charge	Interlibrary Services
Email address of division in charge	not applicable
Person in charge	Charlotte C. Rubens
Email address of person in charge	crubens@library.berkeley.edu
Delivery address (email)	
Delivery address (FTP)	128.32.225.230
Address of the library/organization	University of California Library Berkeley, CA 94720-6000 USA
ILL policy	
Person in charge for this project	
Name	Charlotte C. Rubens
Post	133 Doe Library UC Berkeley Library Berkeley, CA 94720-6000
Name of Library/Organization	University of Chicago
Abbreviation	CGU
OPAC address	www.lib.uchicago.edu
Division in charge	Access
Email address of division in charge	interlibrary-loan@lib.uchicago.edu
Person in charge	Jim Vaughn
Email address of person in charge	j-vaughn@uchicago.edu
Delivery address (email)	interlibrary-loan@lib.uchicago.edu
Delivery address (FTP)	128.135.96.233
Address of the library/organization	1100 E. 57th St. Chicago, IL 60637 USA
ILL policy	all Univ. of Chicago libraries are included
Person in charge for this project	
Name	Sandra Applegate, Head Interlibrary Loan
Post	same as address of the library
Name of Library/Organization	Columbia University
Abbreviation	ZCU
OPAC address	www.columbia.edu/cu/libraries/indexes/clio.html
Division in charge	Interlibrary Loan
Email address of division in charge	davidk@columbia.edu

http://www.arl.org/collect/grp/japan/anul.html   99/11/30

AAU/ARL Global Resources Program - Japan

Person in charge	Kathy Davis
Email address of person in charge	davisk@columbia.edu
Delivery address (email)	davisk@columbia.edu
Delivery address (FTP)	128.59.38.30
Address of the library/organization	Interlibrary Loan, Columbia Univeersity, 535 W. 114th St. New York, NY 10027 USA
ILL policy	
Person in charge for this project	
Name	Kathy Davis
Post	same as above

Name of Library/Organization	University of Chicago
Abbreviation	
OPAC address	
Division in charge	
Email address of division in charge	
Person in charge	
Email address of person in charge	
Delivery address (email)	
Delivery address (FTP)	
Address of the library/organization	
ILL policy	
Person in charge for this project	
Name	
Post	

Name of Library/Organization	Columbia University
Abbreviation	
OPAC address	
Division in charge	
Email address of division in charge	
Person in charge	
Email address of person in charge	
Delivery address (email)	
Delivery address (FTP)	
Address of the library/organization	
ILL policy	
Person in charge for this project	
Name	
Post	

Name of Library/Organization	Duke University, Perkins Library
Abbreviation	NDD
OPAC address	www.lib.duke.edu
Division in charge	Interlibrary Loan

http://www.arl.org/collect/grp/japan/anul.html   99/11/30

AAU/ARL Global Resources Program - Japan

Email address of division in charge	ILLrequests@duke.edu
Person in charge	Rebecca Gomez
Email address of person in charge	rebecca.gomez@duke.edu
Delivery address (email)	ILLrequests@duke.edu
Delivery address (FTP)	152.3.7.172
Address of the library/organization	ILL Duke University Box 90183 Durham, NC 27708
ILL policy (not included)	Medical, Law, Business
Person in charge for this project	
Name	Rebecca Gomez
Post	same as above

Name of Library/Organization	Harvard University/ Harvard College Library
Abbreviation	HUL
OPAC address	hollisweb.harvard.edu
Division in charge	Widener Library Interlibrary Loan
Email address of division in charge	widilla@fas.harvard.edu
Person in charge	Nicholas Wharton
Email address of person in charge	nwharton@fas.harvard.edu
Delivery address (email)	widilla@fas.harvard.edu
Delivery address (FTP)	140.247.74.242
Address of the library/organization	Interlibrary Loan Widener Library Harvard University Cambridge, MA 02138
ILL policy (libraries INCLUDED)	Widener, Yenching
Person in charge for this project	
Name	Marilyn Wood
Post	Widener Library, Room 498 Harvard University Cambridge, MA 02138 USA

Name of Library/Organization	North Carolina State University
Abbreviation	NRC
OPAC address	www.lib.ncsu.edu
Division in charge	Interlibrary & Document Delivery Services
Email address of division in charge	interlibrary@ncsu.edu
Person in charge	Rob Rucker
Email address of person in charge	Rob_rucker@ncsu.edu
Delivery address (email)	
Delivery address (FTP)	152.1.24.195
Address of the library/organization	Interlibrary & Document Delivery Services DH Hill Library Box 7111 Raleigh, NC 27695-7111
ILL policy	
Person in charge for this	

http://www.arl.org/collect/grp/japan/anul.html   99/11/30

AAU/ARL Global Resources Program - Japan

project	
Name	Rob Rucker
Post	same as above

Name of Library/Organization	University of Oregon
Abbreviation	ORU
OPAC address	lib.web.uoregon.edu
Division in charge	Knight Library Interlibrary Loan Dept.
Email address of division in charge	libill@oregon.uoregon.edu
Person in charge	Joanne Halgren
Email address of person in charge	jhalgren@oregon.uoregon.edu
Delivery address (email)	libill@oregon.uoregon.edu
Delivery address (FTP)	128.223.84.143
Address of the library/organization	Interlibrary Loan Knight Library 1299 University of Oregon Eugene, OR 97403-1299 USA
ILL policy (will NOT lend)	
Person in charge for this project	
Name	Joanne Halgren
Post	same as above

Name of Library/Organization	University of Pittsburgh
Abbreviation	PIT
OPAC address	naos.cis.pitt.edu
Division in charge	Interlibrary Loan, G27 Hillman Library
Email address of division in charge	DD&IL+@pitt.edu
Person in charge	Patricia Duff
Email address of person in charge	pduff+@pitt.edu
Delivery address (email)	
Delivery address (FTP)	136.142.96.11
Address of the library/organization	Hillman Library University of Pittsburgh 3900 Forbes Ave. Pittsburgh, PA 15260 USA
ILL policy (not included)	Greenburg, Bradford, Johnstown, Titusville campuses; Falk Medical, WPIC, and Law Libraries
Person in charge for this project	
Name	Peter Zhou, Head East Asian Library
Post	234 Hillman Library University of Pittsburgh Pittsburgh, PA 15260

Name of Library/Organization	University of Texas at Austin
Abbreviation	
OPAC address	http://www.lib.utexas.edu; from home page click on UTNetCAT or UTCAT
Division in charge	Inter-Library Service
Email address of division in charge	ilslend@mail.lib.utexas.edu
Person in charge	Alexia Young, Lending Supervisor

http://www.arl.org/collect/grp/japan/anul.html   99/11/30

AAU/ARL Global Resources Program - Japan

Email address of person in charge	llaat@utxdp.dp.utexas.edu
Delivery address (email)	ilslend@mail.lib.utexas.edu
Delivery address (FTP)	128.83.206.11 (Ariel)
Address of the library/organization	Inter-Library Service The General Libraries University of Texas at Austin P.O. Box P Austin, Texas 78713-8916 USA
ILL policy (Depts. That will not be included)	Harry Ransom Humanities Research Center, Tarlton Law Library, Undergraduate Library, Center for America History
Person in charge for this project	
Name	Nancy Paine
Post	same as above

Name of Library/Organization	University of Washington
Abbreviation	WAU
OPAC address	http://catalog.lib.washington.edu/
Division in charge	Resource Sharing Service
Email address of division in charge	librss@u.washington.edu
Person in charge	Ralph Teague
Email address of person in charge	librss@u.washington.edu
Delivery address (email)	librss@u.washington.edu
Delivery address (FTP)	128.95.38.75
Address of the library/organization	East Asian Library 311 Gowen Hall Box 353527 University of Washington Seattle, WA 98195-3527
ILL policy	
Person in charge for this project	
Name	Keiko Yokata-Carter
Post	East Asian Library 311 Gowen Hall Box 353527 University of Washington Seattle, WA 98195-3527

Japanese Journal Access Project | AAU/ARL Global Resources Project | ARL Collection Development

ARL Home

ᐤ Association of Research Libraries, Washington, DC
Maintained by ARL Web Administrator
Last Modified: November 29, 1998

http://www.arl.org/collect/grp/japan/anul.html   99/11/30

平成12年1月21日

私立大学図書館協会の国際協力

慶應義塾大学三田メディアセンター
事務次長　加藤　好郎
（私立大学図書館協会国際図書館
協力委員会委員長）

1　国際協力に関する活動報告

　①カルチャージャパンの支援による「海外寄贈資料搬送事業」
　　・事業内容
　　・事業実績

2　私立大学図書館協会「国際図書館協力委員会」の事業計画

　①海外寄贈資料搬送事業の継続と改善
　　・事業内容・方法の改善
　　・「国際図書館協力基金」の設置
　②グローバルなリソースシェアリング
　　・複写物の提供から図書の相互貸借へ
　③人的交流の窓口
　　・国際的に通用する図書館員の養成・育成
　④国際会議・シンポジュームの開催
　　・館種・団体等を超えた横断的な開催

以上

平成12年1月21日

海外寄贈資料搬送報告

第1回（95年3月）

寄贈校	寄贈先	冊数	費用
早稲田大学	UCLA	887冊	11万6千円
成蹊大学	リヨン第3大学	32冊	16万円
日本ルーテル神学大学	タイ・ルーテル神学大学	798冊	10万円
立教大学	神戸国際大学	957冊	6万1千円
大阪経済大学	北京経済学院大学	9,944冊	40万円
	合計	2,718冊	83万円

第2回（95年9月）

寄贈校	寄贈先	冊数	費用
星薬科大学	北京医科大学	1,570冊	31万円
立教大学	ST.MICHAELS THEOLOGICAL COLLEGE（韓国）	2,930冊	31万円
早稲田大学	上海復旦大学	973冊	15万2千円
	合計	5,482冊	77万2千円

第3回（96年4月）

寄贈校	寄贈先	冊数	費用
武蔵大学	リヨン大学	169冊	8万6千円
	吉林大学（中国）	496冊	23万5千円
	HANSHIN大学（韓国）	1,612冊	16万9千円
慶應義塾大学	シカゴ大学	121冊	11万6千円
	ハワイ大学	203冊	12万2千円
	ピッツバーグ大学	2,106冊	20万6千円
	メリーランド大学	583冊	22万1千円
国学院大学	青島市図書館（中国）	1,177冊	15万3千円
明治大学	韓国大学	60冊	14万9千円
	中国人民大学	135冊	8万円
	SHEFFIELD大学	90冊	11万1千円
神戸学院大学	上海医科大学	582冊	18万7千円
	合計	7,334冊	183万5千円

第4回(96年9月)

寄贈校	寄贈先	冊数	費用
愛知大学	東北師範大学(中国)	2,343冊	22万円
	合計	同上	同上

第5回(97年4月)

寄贈校	寄贈先	冊数	費用
成蹊大学	リヨン第3大学	68冊	7万6千円
日本大学	北京大学	801冊	22万円
武蔵大学	リヨン大学	200冊	11万1千円
立教大学	BODLEIAN JAPANESE LIBRARY	823冊	18万円
	合計	1,892冊	58万7千円

第6回(97年9月)

寄贈校	寄贈先	冊数	費用
中央大学	WURZUBURG大学	333冊	13万円
大阪経済大学	北京経済学院大学	2,639冊	22万円
	合計	2,972冊	35万円

第7回(98年4月)

寄贈校	寄贈先	冊数	費用
中央大学	WUERBURG大学	3,125冊	19万2千円
慶應義塾大学	UCサンディエゴ	750冊	18万円
	合計	3,875冊	37万2千円

第8回(98年9月)

寄贈校	寄贈先	冊数	費用
大阪国際大学	ウランバートル大学	288冊	36万円
神戸女学院大学	UCLA	55冊	7万5千円
日本大学	オックスフォード大学	350冊	14万円
	合計	693冊	57万5千円

総合計

寄贈校数(延べ)25大学　　冊数 37,309冊
寄贈先数(延べ)32大学・機関　　費用 5,536,000円

学術情報センターの海外日本資料に関する協力

京藤 貫
(学術情報センター事業部目録情報課長)

はじめに
　学術情報センター(NACSIS)が学術情報の国際流通の促進に貢献することを目的の一つとしていることは、設立の趣旨にも謳われている。日本の学術情報を提供する代表的な機関であることが周知されるにつれ、海外からのの学術情報提供及びサービス拡充の要望も増加している。
　NACSISでは、それらに対応するため、米国、英国、タイ王国への国際専用回線の設置等により、学術情報ネットワークの国際的な整備・拡充を推進するとともに、目録所在情報サービス及び情報検索サービスを、広く海外の研究者、研究機関等に提供する事業の国際展開を行っている。　以下、概要を紹介する。

1．国際ネットワーク
　国際ネットワークは、国内における学術情報基盤である学術情報ネットワークの海外への通信路として、学術情報の国際流通促進を目的として設置されている。
　1995年7月に日米間の回線速度を6Mbpsに増強した。また、1995年9月に日本とタイ王国間に2Mbpsの回線、1996年11月に日英(欧州)間に2Mbpsの回線を新設した。1997年度は日米間の通信量の増加による回線の飽和状態を緩和するために、日米回線を1997年10月に45Mbpsに増強した。また、1998年10月には150Mbpsに増強している。

2．情報検索サービス(NACSIS-IR)
　1993年8月から、海外の大学及び学術研究機関に対し、NACSISが企画・作成したデータベースや他の機関・研究者等が作成したデータベースの中から、海外機関へ提供可能なものの有償サービスを行っている。1999年9月末現在で、46種のデータベースを提供し、7カ国19機関が利用している。2000年1月からは、ブラウザを利用したWWW検索や全文検索が可能な新情報検索サービス(WEB-FRONT)を提供している。

3．目録所在情報サービス(NACSIS-CAT)
　NACSIS-CATは、日本国内の大学図書館等で所蔵する資料の目録情報をデータベース化し、広く国内外に提供することにより、学術情報の流通を促進することを主な目的としている。海外の機関が参加することにより、海外の日本語資料の組織化にも役立っている。
　1999年12月末現在で15機関が参加し、約16万件の所蔵登録を行っている。
　1991年3月に、英国内の日本語資料の総合目録を作成することを目的に、まず、英国図書館が参加して英国プロジェクトを開始した。このプロジェクトはその後も順

調に推移し、1999年12月末現在の参加機関は、英国図書館を含め、8機関（オックスフォード大学、ケンブリッジ大学、シェフィールド大学、スターリング大学、ロンドン大学、国際交流基金ロンドン日本語センター、大英博物館日本美術部門）に増え、所蔵登録件数は、131,000件を超えている。
　その後、タイ・オンラインプロジェクトにより1997年度に国際交流基金バンコック日本文化センター、中国との学術情報交流プロジェクトにより1998年度に北京日本学研究センターが参加した。そのほか、ストックホルム大学、チューリッヒ大学、ハイデルベルク大学、デュースブルク大学及びルーバンカトリック大学が試行利用している。

4．図書館間相互貸借サービス（NACSIS-ILL）
　図書館間の文献複写・現物貸借を支援するために、NACSIS-CATで蓄積された目録データを活用したNACSIS-ILLを運用している。
　1994年4月から、英国図書館原報提供センター（BLDSC）の運用する相互貸借システム（ARTTel）と接続し、国内参加機関からBLDSCへの文献複写及び現物貸借の申し込みを開始した。1999年8月末までの利用累計は、複写21,876件、貸借1,345件。（合計23,221件）
　海外からの申し込みについては、1994年4月から、ケンブリッジ大学及びオックスフォード大学からのNACSIS-ILL試行利用、1997年1月からタイの機関からの文献複写試行利用を実施している。
　1999年度には日米両国間の学術情報流通を促進するため、米国でILLシステムを提供しているOCLC及びRLGとの間で、ILLシステム間の相互接続を実現するよう、「日米両国におけるドキュメント・デリバリーサービスの改善に関するプロジェクト」をNACSIS内に設置し、検討を開始している。

5．アジア関係プロジェクト
(1)タイ王国
　タイにおける情報検索サービス及び目録所在情報サービスの普及を目的として、1996年度から「タイ・オンライン・プロジェクト」を実施している。1999年度は、タイのチュラロンコーン大学、タマサート大学及びカセサート大学において情報検索サービスの試行利用を継続した。
　また、WWWのホームページ上で公開しているタイ関連情報の充実を図った。

(2)中国との学術情報交流プロジェクト
　1998年度から、日本と中国との学術情報流通の促進を図ることを目的とした「中国との学術情報交流プロジェクト」を開始し、3年間の計画で、北京日本学研究センター図書資料館の情報化支援を実施している。2年次の1999年度は、センター職員が現地へ赴き「目録システム利用講習会」等を実施し、北京日本学研究センター図書資料館の情報化充実を目的とした具体的支援を行った。

6．国際研修事業
　国際交流基金や海外関連機関と協力して、国際研修を実施している。
（1）北京日本学研究センター図書資料館員研修
　北京日本学研究センター図書資料館の情報化支援のために設置された「中国との学術情報交流プロジェクト」の一環として，1999年1月25日～2月5日に2名の研修生を迎え，研修を実施した。
（2）日本研究司書研修
　国際交流基金および国立国会図書館等の共催により、海外の大学図書館等で日本関係図書を扱う図書館員を招聘し、「日本研究司書研修」が実施されている。この研修の一環として、毎年、2日間、NACSISの各種サービスの概要説明，操作実習及び海外からの利用方法に関する説明等を実施している。
（3）米国日本研究図書館員研修
　全米日本研究資料調整委員会（NCC）からの依頼により、米国の図書館員5名に、本センターの事業及びサービスに関する最新の知識等を習得させるための研修を、1997年7月28日から8月5日の日程で実施した。以後も、研修終了者が米国内で開催するワークショップ等に際し、支援を行っている。

以上

　　NACSIS ナクシス : National Center for Science Information Systems
　　BLDSC: British Library Document Supply Center
　　OCLC: Online Computer Library Center
　　RLG: Research Libraries Group
　　NCC: National Coordinating Committee on Japanese Library Resources

2000.1.21
国立国会図書館
門　　　彬

国立国会図書館における海外への文献提供サービス
－関西館（仮称）開館に向けて－

1．はじめに
　国立国会図書館（NDL）では、本年5月5日に一部開館する国際子ども図書館、さらには2002年の関西館（仮称）開館を前にして、目下、東京本館・関西館・国際子ども図書館の3つの図書館を効果的に運営し、電子図書館時代に相応しいサービスを展開していくため、サービス、業務体制、システム、組織・機構の全面的な見直しを行っている。
　本日のワークショップでは、NDLの文献提供サービス（DSS）について、現在検討を進めている関西館開館後の実行計画案の一端を紹介する。

2．基本方針
　(1) 非来館型リモートサービスの促進（地域格差のない図書館サービスの実現）
　(2) 関西館をDSSの窓口とし、国内サービス・国際サービスの業務体制の統合を図り、内外の利用者に対して、できるかぎり同一のサービスの提供を目指す（国際的な情報の共有の推進）
　(3) 電子的環境への対応
　　・東京、関西に分散する蔵書への対応
　　・ホームページ上での当館作成書誌データベースの提供（Web-OPAC）（注）
　　・システム化による利用の簡便化、迅速化、電子的申込方式の導入等
　　（利用登録制度、IDの付与）

3．リモート複写サービス
　　・図書館経由のサービス向上の促進
　　・国内逐次刊行物目録、外国逐次刊行物目録、及び雑誌記事索引等のOPAC検索とメールオーダーをリンクした新しいリモート複写サービスの展開（2002年の関西館開館時から実施）
　　・特に雑誌記事索引の採録誌は、現在の7000タイトルから関西館開館時には10000タイトルに増やす

複写物の翌日発送
  ・Web-OPACのデータベースを検索し、その結果から電子メールで所定のフォーマットで依頼してきた複写申込に対しては翌日発送
複写物の3～5日以内の発送
  ・上記以外の申込（郵便などでの申込み、書誌事項等の調査が必要なものその他）に対しては3～5日以内に発送

4．図書館間貸出サービス
  ・資料貸出におけるラストリゾートとしてのNDLの役割
  ・各図書館の利用者サービス活動の支援
  ・広範なWeb-OPACの提供とこれにリンクした電子的申込の受付（登録機関）
  ・請求記号記載申込に対しては資料の翌日発送
  ・他のネットワーク等との連携による図書館相互貸借の促進

5．計画実施のための課題
  ・電子図書館基盤システム提供系サブシステムの開発
  ・DSS用の和雑誌複本構築
  ・海外との料金決済法
  ・国際DSSのための国内機関との連携体制の樹立

（注） NDLの Web-OPAC 公開計画
① 2000年5月
 ・和図書データベース（1948～）
 ・洋図書データベース（1986～）
② 2002年（関西館開館時）
 ・和・洋図書データベースのすべて
 ・雑誌記事索引（採録誌10000タイトル）
 ・国内逐次刊行物目録及び外国逐次刊行物目録
 ・その他

Summary of the workshop
"Networking for the Overseas Dissemination of Japanese Materials"

Organized by the Japan Foundation and the International House of Japan; held January 21, 2000 at the International House of Japan

Program
Welcoming Remarks by Yutaka Homma (The Japan Foundation)
Reports from Overseas
"Report from North America" by Sachie Noguchi (University of Pittsburgh; former CEAL/CJM chair; incoming chair-elect of NCC)

"Activities of EAJRS" by Mariko Matsue (Catholic University of Leuven; Secretary of EAJRS)

"On the Arbeitskreis Japan-Bibliotheken" by Dr. Setsuko Kuwabara (Japan-German Center in Berlin)

"Present Status of Cooperating Activities in the United Kingdom" by Hamish Todd (The British Library)

"Cooperating Activities Concerning Japanese Materials by the Australian National Library and Australian Libraries" by Mayumi Shinozaki (National Library of Australia)

"Japanese Materials in the National Library in Korea" by Jae-Sun Lee (National Library of Korea)

Reports from Japan
"International Cooperation by National University Libraries" by Ikuo Sasakawa (University of Tokyo; Secretary of National University Libraries Association)

"International Cooperation by the Private University Library Association" by Yoshiro Kato (Keio University Library; Chair of Committee for International Cooperation, JAPUL)

"Cooperation by the National Center for Science Information Systems for Japanese Materials Overseas" by Toru Kyoto (National Center for Science Information Systems)

"International Document Supply Service by the National Diet Library: Towards the Opening of the Kansaikan (Provisional Name)" by Akira Kado (National Diet Library)

Discussion Session moderated by Izumi Koide (The International House of Japan Library)

Background of the Workshop

The Workshop was held as an integral part of the Fourth Japan Foundation-National Diet Library Training Program for Japanese Studies Librarians. The Training Program started in 1997 and each year invites more than ten librarians from overseas to Tokyo for three weeks. Forty-eight trainees from 21 countries have participated in the past four years. This workshop was held in order to understand the current state of cooperation supporting individual Japanese studies library overseas, and to promote further networking activities by sharing information.

Presentations

Ms. Noguchi reported on networking activities in North America focusing on the Council on East Asian Libraries (CEAL) and the North American Coordinated Council on Japanese Library Resources (NCC). There are more than 4.4 million volumes of Japanese books and 60 thousand serial titles in Japanese housed in North American libraries; there are more than 50 professional librarians devoted to Japanese studies. She first introduced the roles played by bibliographic utilities, including

RLIN and OCLC, integrating East Asian collections in general to the library mainstream in North America. She then gave an overview of CEAL and NCC activities, which demonstrate the devoted professional efforts of Japanese studies librarians.

Ms. Matsue introduced the activities of the European Association for Japanese Resource Specialists (EAJRS). Since its establishment in 1989, EAJRS has held an annual conference which provides a broad base for communication and cooperation among European Japanese studies librarians and their counterparts in Japan. EAJRS consists of librarians, archivists, curators, and researchers who deal with resource materials for research, while North American organizations concentrate on librarians. This feature of EAJRS can work towards both broadening and limiting possibilities.

Another multi-national organization in Europe is Arbeitskreis Japan-Bibliotheken, which acts as a bridge among Japanese libraries in German-speaking countries. It was started in 1995 when some librarians in Koeln gathered to share experiences in Japanese-language processing in a German environment. Later they made two surveys on Japanese libraries in German-speaking areas, and Dr. Kuwabara reported on changes and the current status represented in the surveys.

Mr. Todd's presentation was comprised of three parts: the Japan Library Group, the British Library, and the UK Japanese Union Catalogue. UK Japanese Union Catalogue is the only digital union catalogue of Japanese publications created outside Japan, and it was accomplished with the technical support of NACSIS. He described the history of JLG and its networking activities since 1966, and commented that their continuing efforts provided the basis for the successful implementation of the UK Japanese Union Catalogue.

Ms. Shinozaki reported on the collective efforts of Japanese studies librarians in Australia. The National CJK Service/CJK online union catalogue was initiated by the Australian National Library in 1996. The participation of Australian librarians in the JF-NDL Training Program for Japanese Studies Librarian also inspired the creation of the Japanese Library Resources Group of Australia (JALRGA), and the Group holds a "lunch time talk" on library resources during the annual conferences of the Japanese Studies Association of Australia. These JALRGA activities have further stimulated other Asian studies libraries to have similar sessions at conferences of Asian scholars.

Ms. Lee described the Japanese resources in the Korean National Library. The major part consists of Koreana, books on Korea in Japanese. The collection has been developed through purchasing as well as gifts and exchange with Japanese libraries, and its bibliographic information is available in KORMARC (Korean MARC). There is a union list of public libraries on the Web, which includes Japanese materials.

In the first report from Japan, Mr. Sasakawa introduced the international activities of the Association of National University Libraries. His presentation focused on the efforts of its special committee on international information access, which works for improving international document delivery service. This is a joint project with AAU/ARL (Association of American Universities/Association of Research Libraries), and he briefed the workshop on the present experiments in the document delivery system through digital transmission equipment between the U.S. and Japan. There still remains the big issue of the settlement system of charges for ILL even though other impediments are gradually being solved.

The Japan Association of Private University Libraries has been active in the transfer of gift materials from Japanese libraries to overseas. The project started in 1995 and Mr. Kato reported on past practices including universities which participated in the project, both donors and recipients, the volume of the gifts and the budget for transportation. He also talked about the future plans of JAPUL in international cooperation.

Mr. Kyoto gave a report on the international activities of National Center for Science Information Systems (NACSIS). NACSIS-CAT, NACSIS-IR and NACSIS-ILL are the three major networked systems provided by NACSIS, and he described the international service of each system. Other projects targeted on international audiences were also described. It is planned to link OCLC and NACSIS, and RLG and NACSIS, in order to promote smooth access to each other.

The National Diet Library (NDL) is at present the only national institution in Japan which has a legal backing for international ILL. Mr. Kado gave an overview of the international document supply service expected upon the opening of the Kansaikan (a branch in Kansai) in 2002. Their basic principle is the promotion of remote service, acceleration of sharing information internationally, and adjustment to digital environments.

Question and answer session

Several questions were raised. These concerned the practice of Inter-library Loan (ILL), the training of professional librarians, the digital transmission of documents, and schemes for international settlement of ILL charges in particular. Furthermore, it was thought desirable to expand current bilateral services, those limited to the U.S.-Japan or U.K.-Japan, to more regions.

第4回日本研究司書研修修了式を終えて

前列左から李在善（韓国）、山田聡（ドイツ）、野口幸生（アメリカ）、師岡陽子（エジプト）、桑原節子（ドイツ）、杜穎（中国）、山本みゆき（フランス）、沓掛リン（カナダ）、後列左から篠崎まゆみ（オーストラリア）、松江万里子（ベルギー）、ガブリエラ・パウエル（オーストリア）、堀江振一郎（国際交流基金）、枝松栄（国立国会図書館）、小出いずみ（国際文化会館）、海部奈緒子（国際交流基金）、小林富士子（イギリス）、三輪由美子（国立国会図書館）、最後列左からヘイミッシュ・トッド（イギリス）、塚田吉彦（学術情報センター）、門彬（国立国会図書館）、大川龍一（国立国会図書館）。2000年2月4日撮影。

海外における日本資料提供の協力体制
（第4回日本研究司書研修ワークショップ記録）
ISBN 4-87540-038-1　　　　　　　　定価：本体1,400円　　（税別）

2001年3月21日発行

編集　（財）国際文化会館図書室
発行　国際交流基金
発売　社団法人　日本図書館協会
　　　〒104-0033
　　　東京都中央区新川1－11－14
　　　Tel　03-3523-0812

JLA200088

"Networking for the Overseas Dissemination of Japanese Materials." Proceedings of a Workshop of the Fourth Training Program for Japanese Studies Librarians.

Editor: The International House of Japan Library
Publisher: The Japan Foundation
Distributor: The Japan Library Association